Production Management

生産管理の
実務と問題解決
徹底ガイド

城西コンサルタントグループ会長
中小企業診断士
神谷俊彦 編著

アニモ出版

はじめに

　政府は、日本の成長戦略を「生産性向上」に求める方針を打ち出しています。

　特に、非製造業の国際競争力をアップさせることが課題であるという見方をしていて、**製造業の生産管理手法を非製造業にも転用しよう**という意図がみえる議論も、あちこちで見受けられます。

　もちろん、製造業の生産性の高さを示す手法はたくさんあり、現場で働く人々の能力は世界的にみても極めて優秀です。実際に、日本の製造業の生産性はずっと上昇しています。

　しかし、いまや製造業の生産性上昇の伸びは鈍化しており、他の国のお手本になっていたのは過去の話になってきつつあります。

　製造現場の力はしっかりしているとはいいながら、その**現場からは多くの課題が聞こえてくる**のが現状です。

　政府が音頭をとって生産性向上を訴えるのであれば、ものづくりの現場でも、**生産管理の力をもっと伸ばしていかなければならない**はずです。

　ただし、生産管理の課題は多岐にわたっており、だんだんと複雑になっています。これは、かつての生産管理が「生産効率化」と「コストダウン」のテーマに取り組めばよかったのに対して、いまでは企業内での期待が次第に大きくなり、社会環境も変わってきたために、現場の課題が増えてきたからです。

　たとえば、環境問題や安全問題、新商品開発などのテーマは、現

場と直結した経営課題になっているし、過重労働や品質問題に見られるように、過去には現われなかった問題も提起されてきている、ということです。

　本書では、このように広がりをみせる生産管理の問題を、できる限り**現場に即した課題**に落とし込み、実際の企業がどのような形で対策に取り組んできたか、あるいは取り組みつつあるかを紹介し、多くの企業に応用できるように解説しています。

　なお、本書は、現場で指導してきた経験のあるメンバーを集めて、特に現場で活躍するリーダーに役立つ内容をメインテーマとして執筆してもらいました。
　製造現場で働いている方はもちろんのこと、経営トップや事業部門長などの経営マネジメント層や、営業部門など関係する部門の多くの方にも読んでいただき、少しでも現場を強くする原動力にしていただければ、筆者としてこれ以上の幸せなことはありません。

2017年12月　　　　　　　　　　城西コンサルタントグループ会長
　　　　　　　　　　　　　　中小企業診断士　神谷　俊彦

生産管理の実務と問題解決 徹底ガイド
もくじ

はじめに

1章 ますます重要になる生産管理の役割と これからの課題

1-1 ———————————————————— 14
生産管理の役割と業務内容

1-2 ———————————————————— 16
生産管理の歴史と現在

1-3 ———————————————————— 18
生産管理という仕事

1-4 ———————————————————— 20
生産管理の課題と問題点

1-5 ———————————————————— 22
広がる応用範囲と未来志向の生産管理

COLUMN ＡＩ（人工知能）は職場を奪う?!　24

2章

生産管理とコミュニケーション

2−1 ————————————————————————— 26
コミュニケーションは生産管理の要諦

2−2 ————————————————————————— 31
トラブル事例①　自動車部品製造業の商品企画等

2−3 ————————————————————————— 36
トラブル事例②　電子部品製造業の需要予測等

2−4 ————————————————————————— 41
トラブル事例③　食品製造業の品質問題等

2−5 ————————————————————————— 46
成長する会社のコミュニケーション像

COLUMN 職場の活性化　50

3章

工程設計は生産管理の第一歩

3−1 ————————————————————————— 52
工程設計はなぜ必要か

CONTENTS

3−2 ――――――――――――――――― 56
工程設計にはどんな失敗があるか

3−3 ――――――――――――――――― 60
在庫の設計のしかた

3−4 ――――――――――――――――― 64
動線の設計のしかた

3−5 ――――――――――――――――― 68
その他の問題への対応のしかた

COLUMN 生産方式による工程設計のちがい　72

設備計画のすすめ方と設備管理のしかた

4−1 ――――――――――――――――― 74
設備計画や設備管理はどのように行なうのか

4−2 ――――――――――――――――― 78
設備レイアウトの実務ポイント

4−3 ――――――――――――――――― 82
運搬管理の実務ポイント

4−4 ――――――――――――――――― 86
金型・治工具の管理のしかた

4−5 ———————————————————— 90

設備保全の実務ポイント

COLUMN ＳＬＰの活用　94

5章

外注管理のすすめ方と問題解決の方法

5−1 ———————————————————— 96

外注管理のしくみと外注の問題点

5−2 ———————————————————— 100

外注計画の上手なすすめ方

5−3 ———————————————————— 104

契約の結び方と発注のしかた

5−4 ———————————————————— 108

進捗管理のすすめ方と留意点

5−5 ———————————————————— 112

受入れのしかたと不具合対策

COLUMN グリーン調達とＣＳＲ調達　116

CONTENTS

6章

ITによる生産管理システムの
導入・運用ポイント

6-1 ——————————————————— 118
生産管理システム（IT化）の特徴

6-2 ——————————————————— 122
生産管理システム導入の課題と解決策

6-3 ——————————————————— 126
「属人化問題」は解消できるか

6-4 ——————————————————— 130
管理システムの課題と情報のリアルタイム性

6-5 ——————————————————— 134
その他の問題とITの新しい流れ

COLUMN 工場のさまざまなデータで機械学習を　138

7章

品質管理のすすめ方と
クレーム対応のしかた

7-1 ——————————————————— 140
品質管理とはどんな業務か

7−2 ——————————————————————— 142
品質管理に関する歴史をみておこう

7−3 ——————————————————————— 144
QC工程図の活用と問題点

7−4 ——————————————————————— 148
上手なクレーム対応のしかた

7−5 ——————————————————————— 152
ISOに関する事務局の業務

7−6 ——————————————————————— 156
品質管理に関する今後の現場の課題

COLUMN 品質を証明するJISマーク　160

8章

現場改善活動のすすめ方と実務ポイント

8−1 ——————————————————————— 162
現場改善活動とは

8−2 ——————————————————————— 164
現場改善活動の考え方

8−3 ——————————————————————— 166
現場改善活動のすすめ方

CONTENTS

8-4 ——————————————————————— 170

現場改善としての「5S活動」

8-5 ——————————————————————— 174

JIT生産方式のしくみと効果

COLUMN 三現主義の徹底　182

9章

コストと在庫の管理のしかたと
問題解決法

9-1 ——————————————————————— 184

企業活動の基本は「継続」

9-2 ——————————————————————— 188

戦略的コストダウンとは

9-3 ——————————————————————— 192

コスト管理の基本とポイント

9-4 ——————————————————————— 196

在庫管理の基本とポイント

9-5 ——————————————————————— 201

IoT時代のコストと在庫管理

COLUMN 「リーン生産方式」とは　204

10章 生産管理に関する世界の潮流とこれからの日本の製造業

10-1 ──────────────────────── 206
生産現場の問題は解決するのか

10-2 ──────────────────────── 210
世界の潮流から生産管理のこれからを考えてみよう

10-3 ──────────────────────── 214
ＡＩ、ＩｏＴは生産管理をどう変えるのか

COLUMN 海外との連携をにらんだ生産管理　216

さくいん　217

おわりに　221

カバーデザイン◎水野敬一
本文ＤＴＰ＆図版＆イラスト◎伊藤加寿美（一企画）

1章

ますます重要になる生産管理の役割とこれからの課題

Production
Management

執筆 ◎ 神谷 俊彦

1-1 生産管理の役割と業務内容

生産管理の使命とは

「**生産管理**」とは、経営計画や販売計画にもとづいた生産活動を計画し、実現に導いていく管理活動をいいます。その活動内容は、計画し、調達し、実行する組織的な活動です。そして現実には、計画立案、在庫管理、品質管理など多くの活動に分けて管理されているのが一般的です。

生産管理の使命を一言でいうと、次のとおりです。

「要求品質、要求量、要求コスト、要求納期の達成」

この使命を達成していくためには、企業内外のいろいろな分野とつながらなければなりません。企業の製品やサービスに直結している管理ですから、生産管理は、経営戦略のなかでも大きな位置を占めています。

ものづくりには、材料、人、作業場所、設備などを必要としますが、これらをただ用意するだけではなく、タイミングよく準備しなければなりません。

生産管理の業務は、工場内の広い範囲をカバーするので、多くの企業で生産管理部門を設けているのが一般的です。大企業にもなると、技術管理や経理、購買を含めて組織をさらに大きくするか、事業を細分化して横断的に管轄する管理本部を設け、それぞれの事業に生産管理部を置くケースもあり、企業の事情により変化します。

この本では、各現場に近い生産管理を対象としますが、経営との結びつきを無視して話をしていくわけではありません。

生産管理という仕事の流れ

生産管理部門は企業のなかで重要な仕事を多く担っています。一

◎生産管理業務の主な内容◎

計画業務

生産要求管理……製造依頼、進捗管理、問い合わせ管理
在庫管理…………製品在庫、部品在庫
部品受発注管理…見積書、発注書、納品書、試験成績表

部品・製品マスタ管理 （自社情報、取引先情報）

生産管理業務

製造要求管理…………顧客受注明細、ライン能力管理
生産指示書……………ラインごと計画、月度週次日次計画、
　　　　　　　　　　　製番管理
進捗管理・品質記録…進捗実績・品質確認実績
生産実績管理…………製品や部品などの在庫管理連携
出荷・配送指示………受注情報、顧客情報、配送能力管理

般的に認知される業務内容は上図のとおりです。

そして、生産管理の一連の業務は次の流れで行なわれます。

①営業などからの注文を受ける
②製造に必要な部品の量を計算し調達する
③工場に製造指示書を発行し、進捗を管理する
④できあがった製品の実績データを作成する
⑤注文書にもとづいて配送指示を行なう

　ちなみに、日本全体では大変な数の方が生産管理業務に従事しています。一説には、100万人ともいわれていますが、実際にはもっと多いのではないかと考えられます。また、日本の生産事業所数は21万所で、製造品出荷額は年間300兆円を超えており、自動車関連だけで60兆円以上の出荷額があります。

1-2 生産管理の歴史と現在

生産管理は20世紀になってから発展

　生産管理は、20世紀になってから発展してきました。科学的、分析的に管理をする考え方は、アメリカの経営学者フレデリック・テーラーが1911年に発刊した有名な著書『科学的管理法の原理』に始まります。

　それ以降、フォードのライン生産方式やトヨタ生産方式、セル生産方式、そしてロボットによる生産方式など、変化や進化を遂げて多様化するのと並行して生産管理の内容も変わってきています。

　コンピュータの進化も生産管理業務に大きな変化をもたらし、組織的な業務遂行部門として企業内に存在しています。

コスト削減と業務効率化

　生産管理の課題は多岐にわたりますが、ものづくりにおける**コスト削減**と**業務効率化**は、どの企業でも主要課題になっています。

　この2つは、毎年ものづくり現場の革新にそった目標を設定して活動していくなかで、企業発展の基盤づくりに貢献してきました。

　現在も、コスト削減・業務効率化はものづくり企業の中心課題に違いありません。たとえば、ライン生産方式がセル生産方式に変わろうが、インダストリー4.0が拡散しようが、このような使命をもった生産管理の重要度が下がることはないでしょう。

　むしろ政府の方針では、生産管理を進めていく人材育成が日本全体の主要課題になっているくらいです。生産管理の考え方は、日本の全産業で取り入れられようとしているのです。

　次ページの図を見てください。図の流れで見られるように現在は「第4次産業革命」といわれる時代に入っています（実際には諸説

◎生産管理に関係する、ものづくりの歴史◎

18世紀後半	産業革命
19世紀後半	第2次産業革命
1910年代	フォード生産方式 テーラーの科学的管理法
1950年代	デミング賞開始 ＩＥ・ＶＥの発展・普及
1960年代	トヨタ生産方式
1970年代	ＭＲＰ
1980年代	ＭＲＰⅡ ＦＡ・ＣＩＭ
1990年代	(第3次産業革命？) セル生産方式 ＥＲＰ（統合型管理ソフト） ＥＭＳ（受託製造サービス）
2000年代	サプライチェーン・マネジメント（ＳＣＭ）
2000年代後半	クラウドを活用したシステム
2010年代	インダストリー4.0、ＩｏＴ (第4次産業革命？)

（上記は主に普及し始めた時期を示しています）

があるようです)。

　しかし、新しい時代だからといって、材料を買ってきて加工することがなくなるわけではありません。変わることと変わらないことは、いつの時代でも存在するわけです。

　いままでの生産管理は、生産方式やＩＴなどの変化とともにその使命を果たしてきていますが、さらに電気通信技術の発達とともに新しい道のりを歩み始めているといえます。

17

1-3 生産管理という仕事

やりがいのある職種である

　企業内における生産管理の仕事は、複雑で多岐にわたっています。販売計画にもとづいて、原価管理から発注先選定、生産計画、原材料管理、製品の製造・出荷までをコントロールして、滞りなく製品が流通するように努めることは企業活動そのものともいえます。

　生産管理は、製造業の中心にあるやりがいのある職種です。そして、生産管理の考え方は従来のものづくりを超えて、第一次産業を含む全業種にわたって活用されています。

　ただし、生産管理の業務を立派にこなしている人は多くいて成果を上げている一方で、管理の全貌を理解する人はそれほどいないという現実があります。

　その理由は、経営のなかでの生産管理の位置づけがどんどん大きくなっていることにあります。

　たとえば、現在の生産管理担当役員の仕事には、単なるオペレーション管理だけではなく、グローバル管理やコスト全体管理、新市場進出や新分野進出などもあり、さらに生産管理の分野でも、環境改善や品質管理、安全活動、情報管理などに担当業務は広がっています。

　現場で働く人にとっては、活動の全貌を知るのが難しくなり、また全貌を知らなくても仕事はできてしまいます。こうなると、社内においてすら生産管理の理解を難しくしており、本書で解説するような諸問題を引き起こす一因となっています。

生産管理部門と関係部門

　生産管理部門は、下表に示すように企業内のすべての職場と関係しています。

　そのため、個別業務について把握することが困難になり、諸問題の誘因となっているのです。本書では、2章から9章でその詳細について解説しています。

個別業務など	関連部門とその課題
コミュニケーション （2章）	特に、経営トップ、製品開発とのコミュニケーションが重要（本書では、事例を交えて解説）。
工程管理 （3章）	工程設計のつまずきで効率化が阻害されるという問題があり、意外に現場が関与しないケースもある。
設備管理 （4章）	設計部門、技術部門と生産管理部門のやりとりのまずさが問題を引き起こす（その問題について本書で解説）。
外注管理 （5章）	外注管理では、常にコストや品質の問題が発生するが、契約の結び方が重要。
ＩＴ管理 （6章）	ＩＴ化の重要性はわかっていても、現場はどうすればいいのかわからないことが多い。
品質管理 （7章）	品質管理は多くの部門と調整しなければならないという特殊性がある（本書では何が原因で問題が起こるのかについて解説）。
現場改善活動 （8章）	現場改善は日本の得意技といわれるが、停滞している現場もある（本書では何が問題なのかについて解説）。
お金と在庫の管理 （9章）	お金の話抜きでは企業活動はできない。コスト削減活動はこれからも現場の生命線。

1-4 生産管理の課題と問題点

生産管理の任務とは

計画にもとづいて製品が予定どおりに生産され、市場に出るまでの生産体制を管理するのが「生産管理」の任務です。

工場の稼働が暇ならば計画立案にさほど苦労はないのですが、生産要求が多くなると、工場・営業との調整には時間も手間もかかります。この部分が生産管理担当者の腕の見せ所でもあります。

いまの工場は、こうした人たちに支えられている一方で、調整の歯車が狂ったことによって多くの問題が生じています。

企業の生命線となった生産管理

生産管理で生じた問題は、次ページ表にあげたように、納期遅れやコストアップ、品質不良などの結果になって現われます。生産管理体系では、製品やサービスのＱＣＤ（Quality：品質、Cost：費用、Delivery：引渡し）だけが問題になるわけではありません。

環境、情報セキュリティ、安全、コンプライアンスなどのトラブルが発生すれば、出荷遅れにつながるだけでなく、企業の信用を失墜させ、売上にも直接影響します。

品質データの改ざん問題などはもともと論外な話なのですが、もしも長年放置していたとか、役員も認識していたとなると、生産管理体制の不備が指摘されます。そうなると、関係のないはずの製品やサービスにまで疑惑がもたれ、売れなくなるのが現実です。現場を熟知している人でもほころびに気がつかずに陥ってしまう問題があるということです。

この問題は、深く経営の品質にまでさかのぼる可能性がありますが、本書では生産管理の問題としてその対応について触れています。

20

◎生産管理に起因する問題点◎

		発生事象		推定原因
品　質	→	品質不良	→	作業標準や規約の不備
			→	技術力やスキルの不足
コスト	→	目標未達	→	計画不備・事前調査不備
			→	ロスやミス／設備不良
納　期	→	納期遅延	→	生産計画ミス （計画プロセスに問題？）
			→	もともと無理な受注 （営業コミュニケーションの問題）
現場管理	→	環境問題	→	体制不備、リスク管理なし？
	→	安全管理	→	体制不備、リスク管理なし？
	→	人材育成	→	体制不備、計画案不在？

世間の目は厳しくなっている

　ガバナンス（統治）の欠如や企業風土づくりの失敗が引き起こすトラブルは多くなっています。

　たとえば、工場内で有毒な薬品をこぼしたとか小さな火災が発生したというような事故は、かつては問題にもニュースにもならない工場内の話ですみましたが、いまはそうはいきません。常にマスコミや地元の人たちの反応をうかがいながら手を打たないと、どこまで飛び火するかわかりません。

　企業外部との関連でも、顧客に頭を下げ再発防止を約束するなど謝る相手が見えている場合はともかくとして、現在では対顧客への謝罪だけではすまないケースが増えており、その場合には対応を間違えると社会全体に謝罪することにもなるということです。

　生産管理で生じる問題は今後増加するはずであり、その対応はますます難しくなってくると思います。

1-5 広がる応用範囲と未来志向の生産管理

政府も注目している生産管理

　生産管理手法の他業種への応用は、いまに始まったことではありません。現在も、さまざまな業種に拡大しつつある状態です。

　また最近、政府は、生産性向上施策の一環として、小売業やサービス業にも製造業のノウハウを活かすための指針づくりを開始しています。製造業を中心に生産性向上の具体的な手法を集め、官民で共有していく予定です。

生産管理は他業種にも広がっている

　農業や飲食業関係では、食の安全安心確保に向けたプロセス認証への関心が高まっています。

　代表的なのは、「グローバルＧＡＰ」（農業生産工程管理の国際標準）や「ＨＡＣＣＰ」（食品衛生に関する危機分析重要管理点）などです。特に、東京オリンピックに向けて日本の食材をアピールするために政府も後押しをしています。

　もともとこの業界は、広義の製造業などと位置づけられ、以前から生産管理手法の取り込みに熱心でした。

　また、製造業の得意とする現場改善を、サービス業の現場改善に適用する事例も多数あります。

　生産管理の活躍の場は、このように広がっているわけです。

　政府が、日本企業全体の付加価値向上、スピード向上、コスト改革などの経営改革を後押ししているということは、自社の外で新たな知見や創意工夫が活発に生まれることが期待できます。

　こうして得た他業種のノウハウを、製造業が自分たちの活動にフィードバックすれば、自社の発展にも寄与できるはずです。

◎生産管理手法の活用領域の広がり（一例）◎

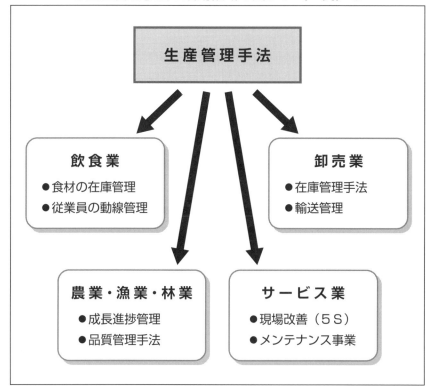

現場の人が直面している現実とは

　生産管理の用途が広がりをみせている一方で、製造業の現場ではさまざまな問題が現実に起きています。

　あらゆるものがネットでつながるIoTやAI（人工知能）の進展で、生産現場の長年の課題を解決できる可能性も生まれています。

　日々働いている人がどのような現実に直面しているのか、それをどのように解決しようとしているのか、少しでも解決策の参考にできるように2章から9章までで解説していくこととします。

COLUMN

ＡＩ（人工知能）は職場を奪う?!

「ＡＩ（人工知能）が発達すると職場を失う」という議論が盛んです。税理士さんや弁理士さんは90％以上の確率でなくなるそうです。あまり定型的な仕事とは思えませんが、生産計画を立案する人もいらなくなるのでしょうか？

最適生産のためには、もっともムダのない計画が必要です。タイムリー、最小ロス、最適人員配置をめざした計画をつくるためには、現場で入手できる情報が十分にないとできません。

生産計画を立案するときには、ものづくりのリソース（設備、作業員、計器、ライン）の制約を確認します。それらにもとづいて要求された製品を、最高品質、最短時間、最小ロス、最小エネルギーコスト、最適労働時間で生産できる計画を立案しているわけです。

もちろん通常は、相矛盾することがおきます。すなわち、最小コストでつくろうとすると時間がかかり、品質が落ちるなどが発生します。

熟練した計画担当者は、そのような矛盾する制約条件を巧みに無視して計画を立案しています。もちろん、頭のなかでいろいろなケースを想定してシミュレーションを繰り返して、一つの結論を導き出しているわけです。

「ＡＩ生産計画ツール」は、学習機能をもたせてどんどん計画策定が熟練の域に達するといわれています。しかし、果たして不確かな情報や相矛盾する状態をコントロールしている熟練の計画担当者が、本当に不要になる時代はくるのでしょうか。

2章

生産管理とコミュニケーション

Production
Management

執筆 ◎ 和田 武史

2-1 コミュニケーションは生産管理の要諦

コミュニケーション自体の顧客ニーズ例

冒頭からコミュニケーションという、ヒト（＝感情の動物：章末コラム参照）に関係する、経営では最も難しい部類の課題が現われました。これは、情報伝達からなる生産管理では要の役割を果たし、事業を行なう基本要素でもあります。

例をあげると、半導体メーカー時代の客先、米国ヒューレッド・パッカード（ＨＰ）社のサプライヤ評価基準は「ＴＱＲＤＣ」でした。四半期ごとに点数と順位が公表され、一喜一憂したものです。

◎米国ＨＰ社のサプライヤ評価抜粋例（'80〜'90）◎

	Vendor Capabilities	能力	主な内容と狙い	当社	満点
T	Technology	技術	製品開発力、技術力、将来性	9	10
Q	Quality	品質	不良率、重大クレーム件数、再発防止	9	10
R	Responsiveness	応答性	回答リードタイム、内外コミュニケーション力	6	10
D	Delivery	納期	リードタイム、納期遵守率、生産柔軟性	7	10
C	Cost	コスト	仕様に見合った原価競争力	4	10
	Vendor Ranking = 16/129			35	50

「ＱＣＤ」はご存じと思いますが（☞20ページ）、最も重視する「Ｔ」はTechnologyで、将来性を測る意図もあり、納得できます。

注目はQの次の「R」（Responsiveness）で、これは一種のコミュニケーション力であり、回答スピードも評価基準です。ものづくり企業に限らず、ソフトウェア業他のすべてに適用されます。
　この例では、経営指標としてQCDにTとRを追加してあり、このRによってコミュニケーションの重要性を理解できます。
　広義の生産管理は経営を左右しますが、生産管理をうまく進めるためには、コミュニケーションの円滑化を図っていくことが求められます。

コミュニケーション不足の実例

　以下、コミュニケーションの役割を、事例をからめて説明します。まず、多く見られる悪い例から示しましょう。

◎中小企業の属人的「コミュ障」◎

「**コミュ障**」とは「コミュニケーション障害」の俗語で、トップがコミュ障の場合も、組織全体がコミュ障の場合もあります。この例は主に前者で、その特徴は以下のとおりです。
- 社長は話をするのが苦手、必須指示以外は話さない
- 熟練技能者の社長は、生産達成に向け作業に没頭
- 情報は社長に集中し、社員は優先順位や重要度がわからない
- 指示どおりやらないと叱られ、創意工夫の余地なし
- 工程ごとの期限設定がなく、各自勝手に工程完了を設定
- 納期遅延、受注減、在庫と残業で、技術はよいのに赤字

　活発なコミュニケーションは、明るく働きがいのある職場にこそ、宿ります。
　次は、組織全体が「コミュ障」の例で、歴史の長い大企業によく見られ、縦割り官僚組織のデメリットでもあります。

◎**大企業の官僚的「コミュ障」**◎

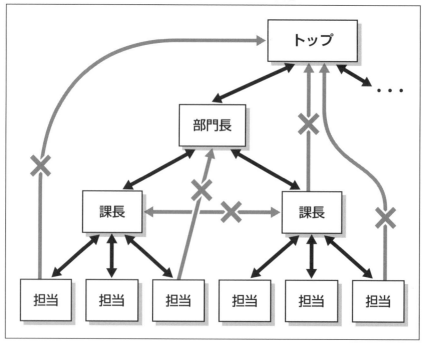

官僚的「コミュ障」の場合、情報伝達は階層上下間のみで、横方向や飛越えはありません。その特徴は以下のとおりです。

● 情報伝達が上司のみ、外へは承認後、内では共有なし

　【例】見込みで工場にＧＯをかけたが失注、上司不在

● 悪い情報は部門長がとめ置き、きれいにしてから報告

　【例】市場で不良発生→リコールかも。部門長は火消しを優先

● 需要予測等のデータは、予算立案時に鉛筆をなめて提出

　【例】顧客情報をきめ細かく伝達せず、叱責を１回ですますため
　　　　土壇場で変更（需要変動の増幅が拡大）

● こんな業績では、社長に報告できるわけがないだろう！

　【例】業績は「結果」だが、「チャレンジ」と称して〆後に改ざん

生産管理にはコミュニケーション連携が必須

それでは、どのようなコミュニケーション方法をとればよいのでしょうか？　**ポイントはスピードと連携**です。

生産管理の成否を決めるコミュニケーションの連携方法を、次ページの表に示しました。この表は工程や部署を縮約すれば、中小企業および小規模事業者にも適用できます。

製品品質でも業務プロセスでも、前工程で不具合や問題があると、後工程では挽回が困難です。川上の工程ほどコミュニケーションが重要であり、開発と生産の例を示すと次のとおりです。

【開発着手前】

● ＤＲ（Design Review：設計審査）がカギ→全部署参画

● 狙う市場、顧客、技術、売価／コスト、つくりやすさ、実現性他

● 事前資料配布により、全部署が意見を出し切ること

【生産着手前】

● ＱＣＤは、客先要求と当社対応力のマッチングで決まる

● 受注は「結果」であり、引合いでのＱＣＤ情報こそが大事

● 納期厳守は、受注前の生産計画事前検討がカギ

2章

生産管理とコミュニケーション

29

◎生産管理の成否を決めるコミュニケーション連携◎

【役割】主：主導、副：参画、従：回答義務、決：意思決定 ⇒ 主：◎、副：○、従：△

工程	主なタスクとコミュニケーション影響（太字）	営業	設計	購買	製造	品質保証	生産管理	経理	経営層
開発	期待を超える／**新規性、市場性、強み技術、品質、原価**	○	◎	△	○	○	△	△	決
売込	**分野／用途、ターゲット**、顧客、価格帯、市場アクセス	◎	○	△	△	○	△	△	○
引合	**用途／仕様、価格、需要**、ライフ、与信／リスク	○	○	○	○	○	△	○	◎
見積	**技術、リソース、原価／値付け、納期**、支払条件	◎	○	△	○	△	○	◎	決
受注	**見積差異、受注日**、納期、注番＆製番発行	◎	○	○	○	○	◎	△	決
設計	**詳細仕様、外注判断**、図面発行、**品質作込み**	○	◎	○	○	○	○	△	△
調達	実績／与信、**納期、価格、受入品質**、在庫	△	○	◎	○	○	○	△	△
製作	機械、作業者、**生産効率、品質保証、納期確保**	△	○	○	◎	○	○	△	△
出荷	**内部試験、出荷検査、認定／検収条件、品質要件**	○	○	△	○	◎	○	△	決
売上	**検収条件、客先受入検査、支払条件**、代金回収	◎	△			△		○	△

2-2 トラブル事例①
自動車部品製造業の商品企画等

開発の失敗で大幅赤字となった真の原因は？

　Tier2のA社は、エンジン重要部品を複数の元請に納入中です。自動車メーカー出身の社長は３年前に就任、引き連れてきた部下を核に経営企画部を創設。海外向けエンジン用自社ブランド部品と、ＥＶ化対応の先行開発品を指揮してきました。

◎自動車部品製造業Ａ社の開発トラブルの分析◎

工程	タスク	トラブル	場	対策
企画	中期計画と予算	**べき論開発**	戦略	身の丈開発、営業がマーケティング
開発	**新製品開発**	自社ブランド**売れず**	ＤＲ	**海外向けも Tier1 共同開発**
設計	**工程設計**	**脱カスタム対応**	ＤＲ	手間掛かる**カスタムは確実**
売込	海外拡販	**さっぱり売れず**	営業会議	**自前販路は困難**、Tier1から参入
引合	海外要求	**仕様価格合わず**		
見積	価格	**在庫処分値下げ**		
受注	**見込生産**	**稼働率優先**	生販会議	需要予測と見込生産**見直し**
調達	部品購買	**部品在庫過多**		見込生産見直し
製作	生産達成	**製品在庫過多**		
出荷	出荷検査	**閑古鳥**		検査要員をパート／派遣化

問題＝開発トラブル：エンジン用自社ブランド品（ＥＶ向け先行開発も失敗）（太字は連鎖を含めた影響項目）

ポイント
- トップはコミュニケーションで自社を知る。
- 開発は、顧客も含めた知恵の出し合いで。
- DRは設計と営業のみならず、全部署が参画。

2章 生産管理とコミュニケーション

31

しかし、元請からの評価が高い技術によって開発した自社ブランド品は、販路と知名度の問題から、ターゲット市場の海外でさっぱり売れませんでした。

結果として前ページ表のように、各工程で連鎖的に問題が発生し、3期目の決算で赤字幅が急拡大、社長は解任されました。後を託された生え抜きの社長は、表の右列に示すように現場を活性化していく対策を実施し、ＰＨＶ用の動力部品をTier1と共同で開発する等、身の丈に合った戦略で会社を再建中です。

◎エンジン用自社ブランド品の新社長の開発挽回策◎

マーケティング・仕様決め

1）基本：狙う市場でのターゲット顧客の要求を反映 ⇒ 少なくとも売れる
2）飛躍：①他にはない、②期待を超える、③先読み、④ワクワクする ⇒ 爆発的ヒットへ
3）Ａ社結論：基本は守り、期待以上の開発品を、強み技術で実現することに

ＤＲ方法改善

1）顧客のリアルな情報を正確に収集⇒営業の責務
2）アイデア、発想：ブレーンストーミング、外部の知恵（熱いマーケッター、クリエーター）
3）技術／市場トレンド、他社特許⇒開発が普段から研究

トップの対応

1）落下傘部隊の企画部門を廃止、前社長の連れも退任
2）必要以上に口出ししない。方針、勇気づけ、意思決定をキチンと
3）数字は、売上、コスト、実現性情報から経理が試算、全部署協議して上申させる

生え抜きの新社長が事業再建へ

　注目すべきは、技術に定評のあるエンジン用部品の失敗で、直接的原因はマーケティング不足です。

　しかし真因は、よいものは売れるはずとのトップの誤った判断や、ＤＲで営業が自社から見た顧客の視点で報告すべきものを、企画部長がメーカー前職の情報から顧客名や需要数を勝手に入力したからです。

　いずれにしても、所属組織の企画部はメーカーではないのに、現場の声を聞くことなく、あるべき論で進めたことが原因でした。

　同様に、ＥＶ化対応のコモディティー開発も、上層部と開発現場のコミュニケーションの欠如により、失敗に終わりました。

根本問題は社内の意思疎通

　Ａ社のコミュニケーション問題の根本要因は、次ページ図のとおり、落下傘部隊の上層部と生え抜き部署との断絶です。

　社長は独断専行で予算額を先に決めてしまい、傘下の企画部で開発品や投資の計画を立てて「このくらい、できなければおかしい」と、各部門にハッパをかけました。

　最大の問題は、全社的に無関心やあきらめ感が横行したことでした。上からの命令が降ってきても、何もいわず、質問もせず、頭も使わず、ただ手足を動かすだけでした。

　もともとオープンな企業文化ではなかったうえに、このような社内の雰囲気では、開発がうまくいくはずはありません。

◎コミュニケーション断絶の例◎

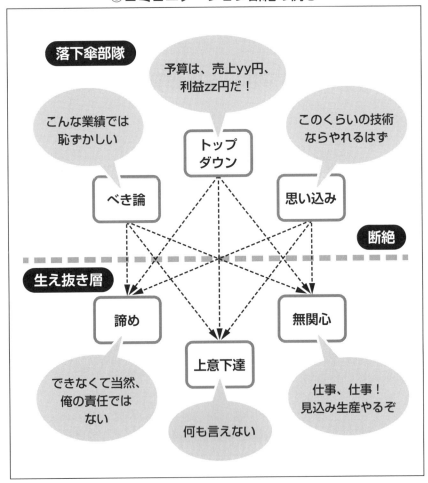

コミュニケーション改善の具体策

　それでは、生え抜き新社長の改善策を見てみましょう。

　次ページ図のように、まず組織では、落下傘部隊が何でも決める企画部をなくし、各機能を本来もっている部署に戻しました。

　風通しをよくする方策としては、イントラネットに年齢だけで投稿できるツイートを設置、月次の若手食事会、社長の月次業績報告

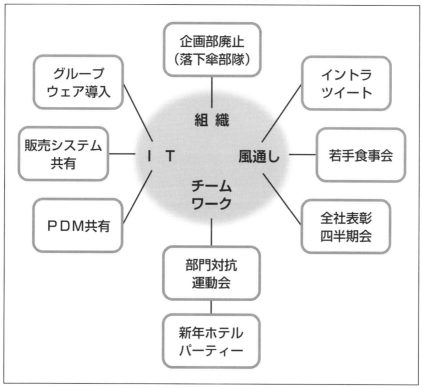

◎コミュニケーション改善策の例◎

会、明るい職場づくり表彰を加えた四半期集会などを行ないました。チームワークの醸成を促し、会社全体の仲間意識高揚のために、部門対抗運動会や新年ホテルパーティーも行なっています。

　ＩＴ施策では、ネットワーク型コミュニケーション（☞２−５項）を目的としたグループウェアの導入、また営業の販売管理システムと設計でのＰＤＭ（設計情報一元管理システム）を生産管理システムに接続させ、各部署が必要なときに必要な情報を取得できるようにしました。

　開発戦略の見直しと既存のTier1回帰でＶ字回復をしましたが、このような意思疎通を密にする方策で、さらに好循環を期待しています。

2-3 トラブル事例②
電子部品製造業の需要予測等

設備産業での拙速開発とブルウィップ効果の悲劇

　B社は、新ライン建設に巨額の設備投資が必要な、ハイリスク・ハイリターン型企業です。ヒット製品を開発して投資回収するモデルで、いわば先行者利益確保型投資を行なっています

◎電子部品製造業B社の需要予測トラブル◎

問題：需要予測外れ、見込生産続行、在庫過多、価格急降下、**赤字転落**

工程	タスク	トラブル	場	対策
企画	**設備投資**	回収未達見込み	戦略	**開発販売連携**＋生産受託
開発	**特急開発**	**開発失敗／販売不振**	ＤＲ	開発集中、**回収用を中止**
売込	**需要予測**	上振れor下振れ	検証	標準品でも**個別顧客提携**
引合	件数	多すぎor少なすぎ		販売戦略構築
見積	取捨選択	希望価格通じず	営業会議・生販会議	逆張り価格等、上得意対応
受注	**高値適数**	需給崩れ価格乱高下		**価格数量ＬＴＡ**
調達	在庫最適化	常に最適在庫外れ		**調達もＬＴＡ**
製作	稼働率向上	製品在庫過多		**稼働率9割、フルはＮＧ**
出荷	出荷検査	繁閑差非常に大		アウトソースも検討

ポイント
- リアルタイム顧客情報を一切脚色せず、見解は別に添付。
- 情報頻度は日報が原則、週報や月報は廃止かまとめだけ。
- 最良のブルウィップ対策は、主要顧客とのよい関係とＬＴＡ（長期売買契約）。

36

◎需要予測の外れで会社が傾いた要因◎

ブルウィップ効果 牛の鞭のように、下流の需要予測変化が、途中でのサバ読みで、上流へ増幅されて伝わること

上流　下流

要因

1) ハイリスク／ハイリターン＝多額の設備投資 ⇒ 回収負担大 ⇒ 特急開発、稼働率優先
2) サバ読み増幅：営業担当 ⇒ 集計 ⇒ 営業トップ ⇒ 生産管理トップ ⇒ 稼働率 ⇒ 生産管理担当
3) 先行開発失敗、独自品生産過多 ⇒ 安値販売 ⇒ 買い控え ⇒ 価格急降下 ⇒ 赤字

対策

1) 営業では、特定顧客とのＬＴＡ（長期売買契約）、データの脚色は厳禁
2) 設計では、実現可能な、売れる開発へ原点回帰
3) 生産管理では、90％稼働で柔軟な品種替え、受託生産引き受け基準も

> ブルウィップ効果は装置産業特有の現象ではなく、また上振れも下振れもあります。

　製品仕様、開発面、投資時期はいずれも、他社より先行する必要があります。したがって経営課題は、投資キャッシュフローの確保と新製品開発時期のマッチングです。

B社はシェア挽回のため、企画部が業界の先頭を切るべく、新ラインの投資計画を策定し、社長の大号令のもと開発部への新製品特急開発などを指示しました。しかし結果として、リソースと技術とマーケティング力不足から、新製品の半数が開発を完了せず、標準品のみを市場に出せただけでした。

　一方で、経営側は売上計画必達を期したため、計画の骨子である需要予測で問題が発生しました。

　需要予測は「顧客→特約店→現地販社→商社→当社営業→生産管理」のルートで集計されます。先行投資を回収することへのプレッシャーから、各段階で顧客需要を脚色して報告し、実需要よりはるかに大きな需要予測が生産部門に入りました。いわゆる「ブルウィップ（Bullwhip）効果」です。

　その結果、過剰在庫が各段階で発生して市場価格が低下したため、回収目的で値段を下げてでも数量確保に走り、さらに価格低下を招く、という悪循環に陥り、B社は他社より先行して投資したにもかかわらず、大幅赤字に陥りました。

　投資回収は装置産業の宿命とはいえ、需要予測の外れはコミュニケーションの問題です。

■ 需要予測も開発も多面的なリアルデータをもとに判断

　社内での需要予測の基本は「5 Force分析」にあります。そのための情報連携を、次ページ図に示します。

　ポイントは、各部門が複数のフロアにあり、部門長が強い権限をもっていたものを、組織の主要部門を同一フロアに集約し、上下関係の壁を取り払う「フリーアドレス」というフラットな体制を実現できる事務所としたことです。

　フラット組織にすることは簡単ですが、この企業では、他企業も参考にしてさまざまな「しかけ」を取り入れました。

　たとえば、ITシステムも改造して、海外を含む各部門の情報一元化を図って意思決定を早くする「しかけ」を取り入れています。

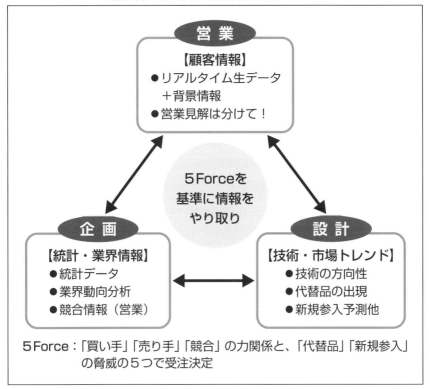

　この**三現主義＋スピード重視**の生産管理のやり方を採用していく企業が増えています。

　営業部門がミクロ情報の責任をもちますが、顧客の生データをリアルタイムに示し、それに営業見解を付与します。**サバ読みは厳禁**で、脚色のないデータと営業見込みを明確に分離します。

　企画部門では、予測スキルも兼ね、統計データや業界動向、競合情報（営業情報を集約）から、マクロ情報をまとめます。

　開発部門では、技術経営の自他社特許や文献による技術トレンド、市場代替品や新規参入予測等を分析します。

　以上の切磋琢磨をもとに、生販会議で売上、生産、在庫の計画を立案して、トップの承認を得ます。

他部署データ統合には担当間のスピード連携がカギ

　B社社長が決定した連携のためのコミュニケーション重視構造改革を、下表にまとめました。

◎コミュニケーション重視構造改革の例◎

項目	As Is（現状の課題）	To Be（あるべき姿）
基本コンセプト	部門内の組織統制重視	部門間のコミュニケーション重視
事務所	●部門別で、地域とビルに散在 ●横連携困難 例）企画：本社、営業：都心ビル	●事業別、同一フロアの大部屋 ●部門を縦割分割、横連携重視 例）工場に集約、事務棟に集約
事務所	●部門長室、階層レイアウト	●職位平等、フリーアドレスデスク
事務所	●大きな会議室、予約制、アポ取り	●机の各並びに、打ち合せコーナー
会議	●定例会議ビッシリ ●多くの資料、大人数、発言少	●意思決定要のみ：戦略会議、生販会議 ●他はTV会議やチャット多用
IT	●部門別システム 例）販売管理、PDM、生産管理	●部門連携システム導入 ⇒グループウェアで各システムつなぐ
意思決定	●項目ごとに会議、何度も先延べ ●稟議書は紙回付、説明呼び出し	●ITで瞬時に情報集め、意見発信 ●稟議システムで、瞬時に決定

40

2-4 トラブル事例③ 食品製造業の品質問題等

2章 生産管理とコミュニケーション

中小企業でよく起こる問題とその原因

　製麺業を営む現社長は二代目で、承継予定の息子の専務が、蕎麦を活かした健康食品の開発や働き方改革による新勤務制度の導入、経営革新計画、補助金の活用等を実行して、社長を支えています。

　生産管理関連では以下の3つの問題が発生しましたが、特に③の問題について重点的に説明します。

◎食品製造業C社の中小企業特有のトラブル◎

問題：①思いつき開発、②配送スタンバイ夜勤、③クレーム再発				
工程	タスク	トラブル	場	対策
開発	ルチン新製品	**販路**検討**漏れ**、失敗	商品企画ミーティング	● 手打ち蕎麦屋に新商品拡販
売込	既存客拡販	駅そば等には売れず		● ラーメン屋向けそば粉麺
引合				○ **新商品開発DR**を実施
見積				
受注	当日夜納期	配送→**夜勤増・在庫増**	生産対策ミーティング	● 夜勤1名体制に戻し遅番残業
設計				● 変形労働制の導入(抵抗感)
調達				○ **従業員定期懇談会**
製作	クレーム対応	麺に異物、リコール**再発**	クレーム対策ミーティング	● 手順書作成
出荷				● HACCPのしくみ導入
売上				○ **研修と相互チェック**

ポイント
- 業務遂行に当たっては、なるべく属人的でなく組織で対応。
- 問題の直接対策より、本質問題をヒヤリングして問題解決。
- クレーム情報は全員で共有、再発防止策の知恵を出し合う。

41

◎C社のトラブルの要因分析◎

思いつき開発	◆アグレッシブな専務が１人で開発 ⇒ **属人的失敗** ●ルチン健康食品である蕎麦粉新商品開発 ⇒ **販路なし！**
クレーム再々発	◆麺に異物混入のクレーム ⇒ **情報共有と原因協議なし** ●クレーム情報リスト、対策打ち合わせ ⇒ **掲示板で周知**
深夜配送スタンバイ対応【掘下げ】	◆ラーメン店様の麺品切れ緊急配送 ⇒ **対応知恵不足** ●製麺生産の夜勤は１人が最適、配送担当が不足 ●遅番で対応していたが、１人が不満表明、夜勤２名体制に ●手空き生産で在庫増、廃棄、労務費増加の問題顕在化 ●従業員集会で話し合い最適解を集約、専門家にも意見聞く

①思いつき商品開発の失敗（属人性）

　専務は蕎麦のルチンに着目し、持ち前の行動力で、クッキー等の蕎麦粉を利用した新商品を開発しました。しかし、既存顧客である駅そば店では売れるわけもなく、販路開拓を忘れていました。

②何度もクレーム再発（情報共有・調査）

　麺に異物混入のクレームが、ときどき起こります。発生状況の情報共有と原因究明のヒヤリングが十分ではありません。

③夜間配送のスタンバイ対応（協議と知恵出し）

　C社はラーメン店が主力顧客です。深夜営業で麺が品切れすることもあり、緊急配送依頼の電話がときどきあります。しかし、夜勤

は生産最適の1名体制のため、配送には手が回りません。

当初、遅番残業の1人から「いつ帰れるかわからない」との不満が出て、夜勤2名体制に変更しました。しかし、まじめな従業員が手空きで生産し、「在庫増⇒廃棄発生」を繰り返し、労務費増加とあわせて新たな問題発生となってしまいました。

そこで、従業員との話し合いを行ない、「配送資格者が夜勤、もう1人を平等に遅番対応」で意見集約し、また専門家とも相談して残業を抑える勤務制度を採用しました。話し合いを経て本質に迫ることができて問題は解決できました。

中小企業の特性を考慮した施策の選択

中小企業や小規模事業者のコミュニケーション改善法を考える場合は、身の丈に合った施策を選択することが肝要です。

◎中小企業・小規模事業者の事業特性◎

業務	●社長指示以外は、属人的判断
スキル	●チーム力より、個人のスキル
報連相	●上意下達のみ、横断的情報なし
感度	●他部署が欲しい情報に気づかない

43

少ない人数で会社の役割をカバーすべく、業務は属人的にならざるを得ない傾向があります。また、社長の指示を聞き逃すと、他に情報源はなく、業務が止まる場合もあります。

　チームで仕事をするよりも、個人のスキルに頼る割合が高いことも特徴です。報・連・相は重要ですが、定着させることは簡単ではありません。

　うまくしかけていかないと、上意下達が中心となり、部下からの情報は上がってこなくなります。

情報共有と知恵出しへのコミュニケーション改善策

　Ｃ社が行なった改善策を次の表にまとめました。

◎中小企業のコミュニケーション改善策の例◎

情報共有	昼礼	社長も専務も業務報告
	生産情報	大掲示板（ホワイトボード）設置
	気づき	Ａ5様式、投函ポスト
	ＬＩＮＥ活用	情報交換ツール
新商品開発	ＤＲ	従業員の知恵総動員
	顧客ニーズ	配送員の営業情報
風通し	懇談会	居酒屋：職別／階層別／年齢別
	定期面談	悩み、困りごと、不満、勇気づけ
	研修	5Ｓ・品質・衛生、ＨＡＣＣＰ勉強会

　コミュニケーションに関する対応策は、まずは情報共有です。

　夜勤以外の者が参加できる昼礼で、各自が業務の困りごとを報告し、社長も当然参加します。大掲示板（ホワイトボード）を設置し、

44

生産進捗や予定／実績等を「見える化」します。

　気づきや改善案の発信のため、Ａ５様式で提案用紙を作成し、投函ポストを設置しました。

　ＩＴ関連としては、法人向けのＬＩＮＥの活用が効果的でした。ガラケーの携帯電話でも使用可能で、携帯スマホ手当併用がよいかもしれません。

　開発関連では、中小企業でもＤＲ（設計審査）を行ない、広く意見を聞きましょう。Ｃ社の例では、配送員も客先で、顧客満足の評価を聞いています。

　風通しをよくする方策では、スキルアップ目的の教育研修が目玉です。ほかには、懇談会や定期面談の実施が有効です。

　小回りがきく中小企業の長所を活かして、自社に合った改善策を継続的に実施していきましょう。

2-5 成長する会社の コミュニケーション像

伝達が必要な部署別情報と上手な伝え方

効果的な生産管理を行なうために必要なコミュニケーションの部署別対象情報とそのポイントをまとめておくと次のとおりです。

- **生産管理**…全体最適＋背景情報、進捗の見える化
- **営業**………顧客のリアル情報、実態と見通し、顧客満足
- **設計**………技術能力、リソース、コスト、実現性
- **購買**………サプライヤーのＱＣＤデータ、在庫情報
- **製造**………稼働率、生産性、品質状況
- **品質保証**…内外の不具合、クレーム処理、顧客満足
- **経理**………回収、費用、粗利益、収益性
- **社長**………方針、勇気づけ、意思決定

【避けるべき点】データ脚色、実力無視の背伸び、べき論、先送り

【コミュニケーションの敵】批判、迎合、揚げ足取り、威圧、叱責、攻撃（上位職制は特に注意）

生産管理部署の最も大きな役割は、全体最適の実現です。

情報発信の際に忘れてはいけないのは、その背景情報です。結果だけ簡潔に伝えることも大事ですが、他部署をうまく動かす（動いてもらう）ポイントは、正確な情報をもとに、実力相応の計画を立て、誠実な情報のやり取りで、旗を振ることです。

営業と品質保証の顧客満足はもちろんのこと、直接顧客に接しない部署でも、下流工程のみならず上流工程にも気づき等で満足されるような、情報発信を心がけましょう。

情報伝達ルートと上司の役割

望ましい情報伝達ルートとしては、次ページ図に示した「ネット

◎ネットワーク型コミュニケーションとは◎

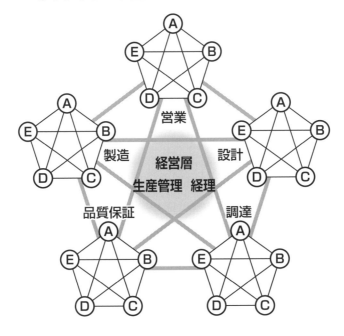

ワーク型コミュニケーション」があげられます。

2－1項で取り上げた、上司とのやり取りに限定される官僚的な事例とは異なり、ネットワーク型コミュニケーションは、どこからでもどこへでも、情報伝達が可能です。

部署内も上司を含めて双方向であり、部署間も担当者が他部署に情報発信できます。上司は臭いものにフタすることなく、判断したことを発信すればよいのです。「週報で悪い情報を初めて発信」などは最も避けるべき事柄です。

このようなしくみを定着させて、組織内での決断を早く正確に行ない、経営にメリハリを与えることで会社全体を活性化していくことが重要です。

業務環境も工夫が必要

コミュニケーションしやすい業務環境についても触れておきまし

ょう。

　コミュニケーション重視の業務環境ということで、総務省はじめいろいろな「オフィス改革」の事例が公表されていますが、ポイントは、Ｂ社の施策でも示したように、**組織の統制より相互の連携を重視し、スピード経営を図る**ことです。

　職位の上下に関係なくデスクを選べるフリーアドレスオフィスや、ＴＶ会議システムの活用による頻繁なミーティング、Skype 会議やチャットなどの活用等、最近は珍しくなくなってきました。

■ 価値創造に向けたＩＴの利・活用と最近の潮流

　最後に、企業規模ごとのＩＴによる価値創造について次ページ表にまとめてみました。

　1の「情報共有」では、既出のグループウェアは通常、高額のため、日本発祥の ChatWork や米国発祥の Slack が代替品です。ファイル添付やスケジューラ機能があり、企業規模に関わらずプロジェクト管理等に急速に使われてきています。

　5の「生産管理システム」では、ＥＲＰ（企業資源計画）への過度な期待は禁物です。トップダウンで大規模ＥＲＰを導入しても、数年越しのカスタマイズはうまくいかず、生産管理をＥＲＰで実施するのをあきらめた事例もあります。

　9の「ＩＴ社内人材」では、業務プロセスとＩＴ要件定義の両方を習得したＩＴ部門の設置が必須です。

　統合化ＩＴの潮流では、12の「顧客情報」のＣＲＭ（顧客管理）機能に加え、全社に蓄積された大量の情報をＡＩで分析する7の「ＢＩツール」（Business Intelligence）の導入が進んでいます。マーケティング分析から生産管理、経営戦略や意思決定まで、幅広く使えるということで広がってきました。

　分散化ＩＴの潮流では、「ＳＯＡ」（Service Oriented Architecture）があげられます。全社の膨大な情報をサービス（利用者のサービス単位）ごとに対象者も含めて切り出します。たとえば、特定製品の

◎価値創造へのＩＴツールの利・活用◎

適用	種別	#	内容
共通	**情報共有**	1	グループウェア、**ChatWork**、**Slack**
	掲示板	2	液晶モニタやホワイトボードで見える化
	ＣＡＥ	3	ＣＡＤ／ＣＡＭに追加
	クラウド	4	初期投資少、遠隔地対応容易
大企業	**生産管理システム**	5	**大規模ＥＲＰに過度な期待をしない**
			企業文化や業務プロセスに合ったもの
	ＩＴツール網羅	6	ＩＴ依存症の危険性を認識する
	ＢＩツール	7	**ＡＩで大量の情報を分析し戦略検討**
	ＳＯＡ	8	**サービスごとに対象者含め切り出し**
大・中堅共通	**ＩＴ社内人材**	9	**業務プロセスと要件定義習得が必須**
	ＩＴ開発	10	カスタマイズ能力あるアウトソース先
中堅企業	設計情報	11	ＰＤＭシステム導入（生産管理と連動）
	顧客情報	12	ＣＲＭシステム導入（生産管理と連動）
	会計ソフト連携	13	生産管理システム間のカスタマイズ
中小企業	全社共有ＨＷ	14	イントラ／共有サーバー（すべてクラウドは危険）
	生産管理システム	15	自社に合ったもの、バーコード／ＩＣチップ読込等
小規模	情報共有	16	ＬＩＮＥ活用（スマホ利用手当ても？）
	会計ソフト	17	月次での収益性確認

納期をデマンドチェーン（需要連鎖）で割り出すなどが考えられます。

　今後、ＩＴコミュニケーションは、ヒューマン・インターフェースの音声合成／音声認識技術やウェアラブル端末により、デバイスを操作することなく、情報の発信・受信ができるようになります。

　技能承継等において、熟練者がデジタル機器になじまない場合でも、ハードルを下げてくれる重要な検討課題といえましょう。

COLUMN

職場の活性化

　ＩＴ、業務環境、ルール化等でも解決が難しい、社内コミュニケーション向上のカギは、組織や職場の活性化です。

　活き活きとした職場づくりこそが、組織間の壁を低くし、コミュニケーションを自然に促し、会社がよくなる礎です。

　それには、①組織のトップがビジョンや方針を打ち出し、②たゆまぬ努力により浸透させ、③組織全体のベクトルが一本になり、④メンバーが役割を認識し、⑤高い貢献意欲をもって業務に当たる、ようになることがポイントです。

　そのためには、すべての役員・従業員が高いモチベーションをもつことが、必要条件でしょう。

　この章の最初に述べたように、ヒトは最も扱いにくい資本です。しかし、マズローの「欲求５段階説」の４番目「組織に認められたい」や５番目「自己実現欲求」、さらにはアドラー心理学の「叱らず、褒めず、勇気づける」等が答えのヒントとなります。

　感情の動物であるヒトに対しては、カーネギー著『人を動かす』などのビジネス書だけでなく、心理学と行動学も参考にして、「明るく、楽しく、働きがいのある職場」をめざしてほしい、と思います。

　難しいことは嫌だと言われる方は、学生の部活を見習ってください。密な人間関係のなかで、互いにやる気と上達を促す点では、会社組織と共通するからです。

3章

工程設計は生産管理の第一歩

Production
Management

執筆 ◎ 片岡 英明

3-1 工程設計はなぜ必要か

「工程設計」とは

　生産管理は、生産システム全体を管理対象として、QCD（☞20ページ）を計画どおりに維持して、生産を遂行することを目的にしています。

　その業務のなかでは「**工程設計**」は少し異質です。なぜなら、常時発生する業務ではなく、「現状の維持・修正ではない」ときに必要になるからです。

◎工程設計が必要になる3つのケース◎

新しく工場をつくる　／　新しく製品をつくる　／　既存工程を革新する（A→B→C）

工程設計が必要なとき

　工程設計とは、生産目標である製品のQCDを実現するための生産方式や工程仕様、移動・運搬仕様、エネルギー供給などの生産要素を決定し、製品をつくるためのリアルな製造現場を設計する作業です。

　自社の4M（原材料、製造方法、作業者、設備）を活用資源として、製品を生産して出荷するまでを設計します。

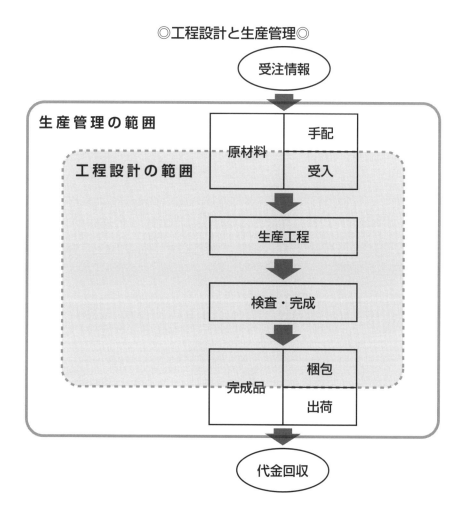

　通常は、生産技術の担当者が技術的な検討や工程開発を行ない、生産工程全体を設計します。その工程設計の結果すべてが、生産管理業務の対象になるのです。したがって、**生産管理業務は工程設計から始まる**といっても過言ではありません。

　また、工程設計には、生産システム全体として最適な工程を構築することが求められます。生産管理者にとって、工程設計の考え方やその設計結果を吟味し、生産管理業務をシミュレーションしておくことは、円滑な生産立上げ遂行に必要な業務になります。

また、工程を設計する考え方に慣れておくことは、生産管理の担当者にも有益です。その考え方や進め方は、工程が稼働した後の工程改善や工程革新等にも活用可能だからです。

スタートは目標と制約条件の確認

工程設計は、製品設計図や仕様書等で出荷製品に要求されていることを確認することから始まります。**製品外形や物理量、設計品質等の設計仕様を満たすことが、工程設計の第一の目標になります。**コスト（原材料費と直接経費。ただし賦課間接費は除く）や生産リードタイムも目標になります。

一方、制約条件の確認も重要です。工程を設置する建屋や柱、出入口等の工程レイアウト制約や既存設備等、４Ｍ等の制約を確認します。

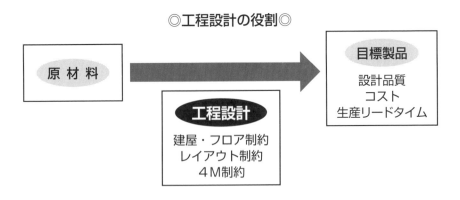

◎工程設計の役割◎

これらの制約条件のもとで、製品設計の目標を実現することが工程設計のゴールになります。

工程設計の進め方

工程設計業務は分解すると、次ページ図のように、「**工程フロー設計→作業設計→検査位置設計**」の３ステップからなり、ステップごとに評価をして次のステップに進みます。

◎工程設計の流れ図◎

工程フロー設計
生産能力設計
生産方法の選定（ライン方式 or セル方式、その他）
内製／外注区分け
加工順序設計
デカップリングポイント設定（在庫設計）
レイアウト設計
動線チェック
設計評価
デザインレビュー（DR）
工程FMEA（工程不良モードによる影響度評価）
QC工程図

作業設計　IE的アプローチにより「作業標準書」を作成
作業内容と作業手順の設定
品質確認事項の設定
異常処置方法の設定

検査位置設計
品質管理担当から検査仕様を得て各工程に割当て

最終設計評価
最終版DR、工程FMEA、QC工程図、量産試作

　工程設計の失敗や発生する不具合には、必ず原因があります。次項以降で、代表的なものとその解決法を解説していきます。

3-2 工程設計にはどんな失敗があるか

失敗が発生しやすいところ

　失敗学の知見では、失敗は既知の原因で繰り返し発生します。工程設計においても同様で、失敗の原因を考察すると「もう少し注意すべきだった」という反省がほとんどです。このような失敗は回避可能です。

工程設計の失敗の原因ベスト３

①設計者の調査・検討の怠慢
②不注意
③衆知を集めなかった

　新たな生産ラインは、工程技術の裏づけを得てつくります。困難が予想される工程や新規の工程は注目されて、念入りなチェックが行なわれるため、技術の裏づけがきちんと取れていれば、工程設計の失敗はほとんどありません。失敗する確率はとても小さくなるのです。

　逆に、最も失敗が発生しやすいところは、注目される工程の前後や工程間のインターフェース部分など**技術的な難度や新規性が小さいところ**です。そうした部分は、「やればできる」という安心感から目が届きにくくなります。つまり、「ミス」という失敗が入り込みやすくなります。

56

実際に起こった失敗例

実際にあった、必要な工程が準備されていなかった事例を紹介しておきましょう。

【実際に起きたこと】
工程Xから工程Yの間に加工品の表裏を反転させる工程設計仕様であったが、生産ラインにおける反転工程を誰も設計担当をしていないことに気がつかず、このラインだけの理由で計画が大幅に遅れた。

【なぜ起きた？】
反転工程は、構想設計ではレイアウトされていたが、工程Xと工程Yの設計担当者のどちらかが担当するもの、とお互いに思い込み、担当不在で進んでしまった。

このような手違いで工程設計が進んでしまうというのは、実はそれほど珍しいことではありません。多くの場合、工程設計の進め方に問題があります。

ダブルチェックで防止する

　たとえどんなに小さな失敗でも、失敗を挽回しない限り生産工程は稼動できません。重要な工程での失敗でも、「そんなばかな」と思う工程での失敗でも、生産工程全体がストップする、という結果は同じです。

　残念ながら人間は必ずミスをします。人為的なミスを防止するためには**ダブルチェック**しかありません。立場や背景の違う人による緊張感をもったダブルチェックがミス防止に有効なのです。

　しかし、ダブルチェックは有効ですが、ベストではありません。見逃すリスクは十分にあります。

デザインレビュー（ＤＲ）の標準化

　チェック機能を標準化したのが「**デザインレビュー**」（ＤＲ）という関係者の衆知を集めるしくみです。先ほどのケースもこのＤＲをやらなかったわけではありませんが、標準化ができていなかったのでチェック機能は働きませんでした。

　ただし、たとえルールがあっても次の2つの問題があります。
①ＤＲを省略してしまう
②ＤＲのやり方が属人化してしまう

　ＤＲは、設計者が主導して行なうことが多く、時期や資料内容は設計者任せになってしまいます。生産管理部門が働きかけないと動かないものです。担当役員に出席してもらうのも対策になります。

　ＤＲで確認する点は多々ある（次ページ図を参照）ため、標準化しておかないとモレが出るのですが、次の3つの書類だけで重要な点は確認できます。
①**基本設計書（基本仕様書）**
②**予算案**
③**スケジュール表**

◎工程設計ＤＲで確認すべきこと◎

１．工程設計の仕様が目標を満たすか

製品仕様書や図面の品質
コスト
生産リードタイム

２．制約条件を満たすか

工程の構成や製品フロー
レイアウト、動線に交差や逆行はないか
工程管理項目
量産時の工程信頼性・保全性（量産試作の可否）
作業安全性、作業容易性

３．根拠があるか

ＱＣ工程表、担当
設備仕様、担当
治工具仕様、担当
作業標準、担当
検査基準、担当
工程ＦＭＥＡ、担当

　ここでも、ポイントはＱＣＤです。これらの書類があれば、現時点での技術的課題が何か、予想されるリスクは何か、またその対策をどう考えているか、などについて全員で検討できるはずです。

3-3 在庫の設計のしかた

製造業の多くは「繰り返し受注生産」

消費者向け製品を生産する企業の生産方式は、通常「見込生産」です。ところが、その製品の部品や部分組品を受注する企業は、発注側の図面にもとづき、受注数量と納期が指定された「受注生産」になります。

最終製品を見込生産する企業の数より、繰り返して受注生産する企業の数のほうが圧倒的に多数です。つまり、日本の製造業の多くは、「**繰り返し受注生産**」を行なっています。

その代表格であるJIT生産方式では、

「**生産リードタイム ＞ 発注リードタイム**」

となることが多く、「見込生産」で対応しないと納期は守れません。したがって、受注側の企業では、見込生産と受注生産が混在する**ハイブリッドな生産方式**が必要になります。

工程設計では、見込生産と受注生産の**デカップリングポイント**（結節点）で発生する「仕掛品」の貯蔵庫も工程の一つととらえて、アクセスする動線を設計に取り込み、在庫品の持ち方を標準化します。

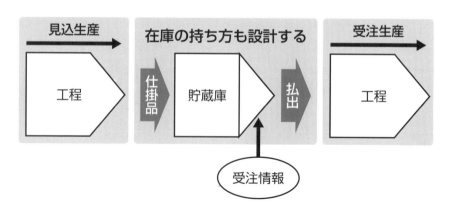

◎ハイブリッド生産方式（デカップリングポイントを設定）◎

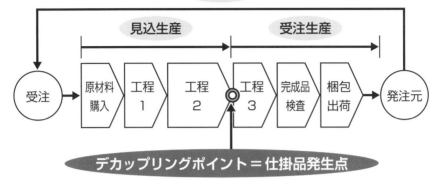

◎代表的なハイブリッド生産方式◎

さまざまな仕掛品の貯蔵形態が実践されており、それぞれに名前がついています。

生産方式	設計	材料調達	加工	組立	製品	出荷
見込生産 MTS（Make To Stock）方式		見込生産（製品形態まで）				受注後配送 デカップリングポイント
受注組立生産 ATO（Assemble To Order）方式		見込生産（加工終了仕掛品まで）		受注生産		
受注加工組立生産 BTO（Build To Order）方式		見込生産（中間加工品まで）	受注生産			
受注生産 MTO（Make To Order）方式		受注生産				
個別受注設計生産 ETO（Engineering To Order）方式	受注生産					

実際に起こった問題

　ある工場の工程では、ＢＴＯ方式（前ページ下図参照）で中間加工品を仕掛品在庫としてデカップリングポイントを設定して工程設計しました。

　当初、この工程運営は円滑でした。ところが、数か月しないうちに、最終製品の売れ行きがよいために発注元から納期の繰上げ要請が頻繁にくるようになりました。

　製造現場では、特急ラインの設置など、過労働で納期に間に合わせるという、いわば気合の製造業スタイルで対応していましたが、過労働によるコスト増だけではなく、現場の疲弊感が蓄積して、その混乱が他の工程にまで影響してしまいました。

変化に対応して在庫品も変える

　そこで、発注元と話し合い、ＢＴＯ方式からＭＴＳ方式（前ページ下図参照）に工程設計をやり直しました。その結果、工程の混乱も収束し、再び円滑な運営ができるようになりました。

　売れ行きがよく、一過性ではないと予想される納期の前倒し要請には、現場だけではなく生産管理全体で対応します。

　こんなときには、「せっかく工程設計して投資もしてレイアウトをきれいにできたのに」などという未練は禁物です。

　埋没費用（サンクコスト）といいますが、これにとらわれると、もっと大きな損失が発生します。

　この事例の場合は、在庫品の貯蔵形態が変わりますが、工程から貯蔵庫へのアクセスが混乱しないように設計します。

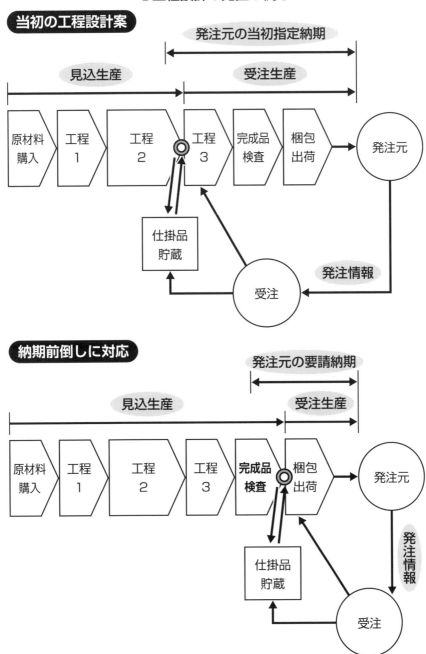

3-4 動線の設計のしかた

■ 動線が単純になるように設計する

　工程内では、人や仕掛品・製品、治工具、廃棄物（静脈）等のさまざまな移動・運搬が発生します。この経路を「**動線**」と呼びますが、工程設計では動線の細部まで設計されることは稀です。

　ところが、生産管理の観点からは、工程内の混乱を防止し、意図しない滞留がすぐに検知できるよう、動線の細部を検討することが不可欠です。

　最近では、安価で使いやすい動線シミュレーションソフトがあり、確認することも容易になってきました。

　しかし、あまり経験のない生産管理担当者には、自分の手と頭でまず考えることを勧めます。経験を積むことで、人間の感覚はソフトウェアよりも問題の本質をとらえることができます。

　生産管理担当者が、工程設計結果を見て注目すべき点は、次の2点です

> ● ヒト・モノ・廃棄物のそれぞれの動線が一筆書きのようにスムーズに流れているか
> ● 動線が逆行したり、頻繁な交差が発生したりしていないか

　QC工程図と突き合わせて、ヒト・モノ・廃棄物の動線をよく見て、最も忙しい状態をシミュレーションすることで、改善点が見つかり、実行可能案が得られます。最低限、動線が一方通行になっていることを確認するだけでも、後々の工程内の大きな混乱を防止することができます。

64

◎動線チェックリストの例◎

| 準備 | レイアウト図にヒト・モノ・廃棄物の動線（流れ）を書き込む。それぞれの動線の太さを概略でいいので頻度に比例させる。 |

次に、動線と頻度を書き入れたレイアウト図の簡易チェックリストで現状を確認する。

- ☐ a）ヒト・モノの流れが入り組んでいて、動線が交差している
- ☐ b）頻繁に使う設備や棚が不便な場所にある
- ☐ c）あまり使われていない設備や棚が床を占有している
- ☐ d）製品や備品が床に平置きされているため、貯蔵効率が悪い
- ☐ e）作業エリア・通路が狭いため、通りづらく危険である
- ☐ f）一時保管エリアと出荷エリアの境界が不明確で、遅配や誤出荷の危険がある

【例題】

次のようなレイアウトと通路使用の場合、Xエリアで動線が錯綜します。チェック結果でマークされた項目を解消するためのレイアウトを再設計してみましょう。

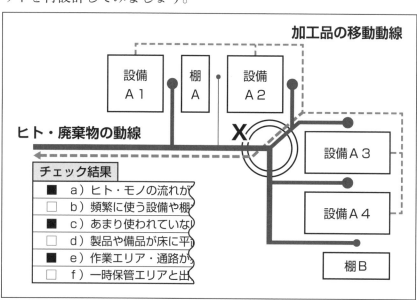

【解答】

棚Aと設備A1を移動し、加工品用の動線を確保する。

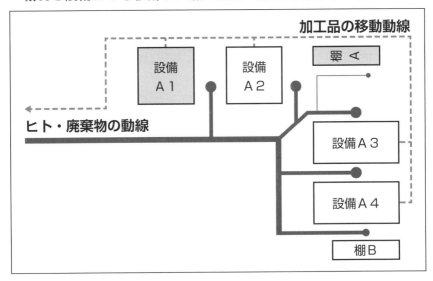

実際の動線の問題と解決策

下の図は、ある工程のレイアウト図です。このエリアではロット生産する3つの工程があり、仕掛品は「工程A ⇒ 工程B ⇒ 工程C」と流れます。

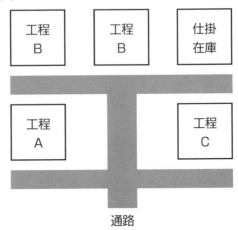

レイアウトでは、中央部に通路を設けています。3つの工程は独立しており、通路に接しているのでアクセスがよく、拡張用スペースも備えています。

ところが、この3工程でセル方式の生産を始めることになり、シミュレーションしたところ、通路が行き止まりになっていることから、ヒトとモノの動線が錯綜し、運搬・移動の効率が極端に悪くなりました。

ヒトのエリアと運搬通路を分離する

そこで、工程A、B、Cの間隔をつめてセル方式に対応し、ヒトとモノの通路を分離することにしました。

下図のように、工程を近づけて工程の近傍はヒトの動線スペースとします。モノの動線通路スペースを外側にとり、1周まわします。この通路は一方通行にして、動線の逆行や交差を防止しました。拡張性にも配慮しています。

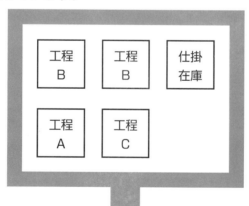

生産管理担当者、特に現場の管理者は、工程設計プロセスを意識して、すべての動線・フローが円滑に流れるように、レイアウトを変更することに積極的になりましょう。

使い勝手や貯蔵効率をよくすることで、動線の効率化を図るのです。

3-5 その他の問題への対応のしかた

工程は常に見直す

工程が稼働した後、時間の経過とともに工程内で仕掛品が増えたり、ヒトやモノの動線が衝突したりするようになるかもしれません。

また、取引先の生産条件も変化します。

現場は生きものなので、工程設計の観点から、いまの生産能力やレイアウト、動線をチェックして異常時には再度、工程設計することが必要です。

工程が変化する理由と対応

再設計を必要とする大きな要因は、「需要が増えたため、工程や作業スペースを増やした」など、生産条件の環境変化です。

工程設計時の生産条件と異なっているため、個別工程の生産能力や在庫、動線のバランスが崩れ、混沌とした状況が現場に生まれるようになります。

工程設計の知識があれば、全体最適となる工程を再設計することができますから、直感に頼って再設計をしないことです。

自社だけでの対応が難しければ、専門家に依頼をして、需要の予測や機械の拡張性を考慮した複数の案を作成します。在庫や動線結果のシミュレーションだけでなく、準備期間や改造費用を比較して決定することが理想です。

突発的な納期前倒し要請時の工程設計

3－3項で紹介しましたが、**取引先要請による突発的な納期前倒しや割込み生産なども工程を変化させる理由**です。

頻繁でなければ、対応するために「特急ライン」を設定し、生産

68

管理の生産計画や生産体制を急遽変更します。

　工程設計上、気をつけたいのは、特急ラインに使用する工程のレイアウトです。レイアウトを決める際には、あらかじめ設置しないまでも、**スペースを確保**しておかないと、いざというときに対応できません。

　突発時の対応なので、ふだんは通常の生産に用いている工程を一部、特急用に使用するわけですから、工程の選択方法や動線をあらかじめ決めたうえで工程設計をしておきます。準備してあれば特急ラインはうまく機能します。

◎工程設計の見直しが必要な場合◎

工程の変化

- あちこちに仕掛品が置かれ始めた
- ヒト・モノ・廃棄物が滞留し始めた
- 過労働する工程・設備と稼動しない工程・設備の差が拡大した

工程再設計の必要性検討

工程変化のチェックと対応

　取引先からの要請等で工程条件が変化することは避けられません。何が起きていて、どうなればいいか、を認識して、基本を思い出して対応策を考え、実行しましょう。

◎工程変化に対応するために必要な能力は？◎

変化への対応能力

学習能力	発想能力	マネジメント能力
変化を正しく認識する力	変化を楽しみながら対応する力	周囲と協働する力

受注増大への対応事例

　受注増大に対応して工程改造を実施した例を紹介しておきましょう。

　ある工場では、1階に空きスペースがないので、重量のあるマシニングセンターや工作機械は1階に置いたまま、加工した部品の組立や検査工程を2階に置くことで対応しました。加工した部品は1階から2階へ、出荷品は2階から1階へ移動させます。

　計画時には、昇降機の増設を考えたのですが、費用や工事期間からこの計画は採用しがたいのは明白で、能力は間に合う計算だったので、1階と2階のレイアウト設計と従来の流れを手計算して、シミュレーションはしないで能力を決定しました。

　結果的には、昇降機の入り口で大きな滞留ができてしまい、計算どおりの能力はまったく発揮できませんでした。

　大急ぎで作業順や機械能力を見直し、わずかですが昇降機のスピードアップもできたので、増産対応には間に合いましたが、かけた費用や時間は計画を大幅に上回ることになりました。

　これは、工程の途中に昇降機が入るということを過小評価し、感覚で計画を進めた事例ですが、このような改造事例は多くの現場で経験があるはずです。

70

近未来の工程「インダストリー4.0」とは

　ドイツを中心に、「インダストリー4.0」と呼ばれる「ものづくり」方式が研究されています。究極的にめざすのは、少ないマンパワーで効率的に操業できる「**スマートファクトリー**」（**スマート工場**）をつくり上げることです。

　スマート工場は、ＩoＴの導入により、異なる国や企業の複数工場の工程が、あたかも１つの工場のような「ものづくり」を可能にします。１つひとつ仕様の異なる製品を効率的につくり分けるために、工程ごとに作業を分担しスマート工場に参加するすべての工場や工程がつながります。

　発注情報や生産データなどを各工場や工程と共有することにより、必要なセルの経路を企業の垣根を越えて自動設定し、自律的に製品が完成します（「**ダイナミックセル方式**」（下図）と呼んでいます）。

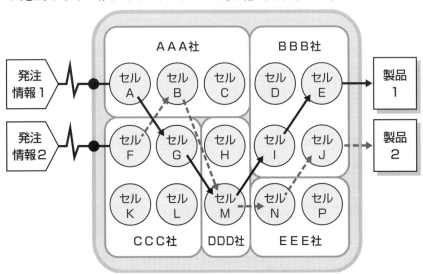

　この生産システムはまだ世界的に検討段階ですが、日本は遅れて検討を始めました。競争は始まっていますので、このような技術が現場に入ってくるのもそう遠くはないかもしれません。ものづくりのルールや生産方法が大きく変わる可能性があります。

COLUMN

生産方式による工程設計のちがい

現代の工場のイメージを決定づけたのは、自動車や電化製品等の大量生産に対応した「**ライン生産方式**」です。ＯＪＴによる作業習熟が終われば、すぐにライン作業をすることが可能です。

この場合の工程設計は、直線状に工程を並べ、ラインバランスを取ってラインの流れを妨げないことが基本になります。

ライン生産が強みをもつのは、次の場合です。

● 同種の製品を製造していて、

● 製品の需要量が予測可能で、

● 大量生産に見合うだけのコストメリットがある

ところが、消費者の好みが細分化し、多品種少量生産が求められるようになると、「ライン生産の強み」は逆に弱みになります。

最近の生産方式は「**セル生産方式**」に変化しています。

セル生産方式では、１人から数人の作業員が１つの製品を組み立てます。部品や工具をＵ字型などに配置した「セル」と呼ばれる工程で、１個流しも可能な生産方式です。

そして、需要に応じてセルの増減が可能であり、既存設備の手直しも容易です。

この場合、工程設計の主眼は、セル内の部品や治工具の配置等、ＩＥを利用した作業設計になります。また、セル内の工程では、ラインバランスを取る必要もありません。

このように、生産方式によって工程設計の内容はまったく異なるため、工程設計の最初の段階で生産方式を決めることが必要です。

4章

設備計画のすすめ方と設備管理のしかた

Production
Management

執筆 ◎ 谷口　糺

4-1 設備計画や設備管理は どのように行なうのか

機械に関する設備計画

　生産の構成要素として4M（人・機械・材料・生産方法）があげられますが、この章で取り上げる「**設備計画・設備管理**」では、4Mのうちの「機械」にまつわる機械能力管理（特に負荷調整）、設備レイアウト、運搬管理、型・治工具の手配と管理、設備保全について触れることにします。

　特に、機械能力管理は負荷との関係が重要です。そこで、まずこの項では主に負荷との関係について見ておきましょう。

各機械に対する負荷計画

　「**負荷**」は、生産計画から算出されますが、長期計画・中期計画・短期計画と進むほど精度が高まってきます。一方、それに対応できるかどうかの検討には、事前に機械の能力の把握が必要になります。

　機械能力は、サイクルタイムの逆数で、時間単位または1日単位の加工数量で示されます。この算出には、具体的な加工対象（材料・寸法・精度など）が決まっている必要がありますが、長期や中期の計画段階では正確に把握できていないことが多いので、過去に加工した類似品などを参考にします。

　新製品投入や大量受注など、この段階で、負荷が時間外労働や要員追加などによる対処範囲を超えそうならば、外注加工や新規設備導入などの手配をすることになります。

　短期計画（1日〜1週間程度）では、負荷計画を次のように設定していきます。

①加工工程フロー

②各工程別の所要時間

③工程ごとの機械・作業者の割り当て

　ここで、各機械に対する負荷計画と機械能力の突き合わせが必要になります。連続生産やバッチ生産では、立上げ期を除いて以前からの継続なので、比較的容易ですが、個別生産のときは問題が複雑になります。

短期の負荷管理と能力管理

【機械能力の把握】

　工程別の機械能力表を作成します。機械能力は、サイクルタイムから算出した数値だけでなく、故障率・ＰＭ時間の実績値・ワーク着脱時間・治工具交換時間などの余裕時間を見込みます。

　また、機械別負荷カードを準備します。これにはすでに予定されている負荷を記入しておき、余力がわかるようにします。

【負荷の山積み】

　工程別・日程別の負荷を次のようにして求めます。

①納期からその工程に与えられた生産リードタイムを前倒しをして求めます。

②日ごと（または週ごと）の機械別山積表を作成します。

③機械能力表と対比して余力を超過した分は山崩しを行ないます。

【負荷の山崩し】

　余力を超過した分について機械能力内に収まるように「平準化」を図ります。これが山崩しですが、次のような対策が考えられます。

①時間的な対処

●前日（または週）に余裕があれば前倒しをします。

●生産リードタイムに余裕があれば後ろへずらします。

②能力の拡張

●時間外または人員の増強を考えます。

③負荷の分散

- 同じ加工が可能な第二候補となる機械（候補機より生産速度が遅いなど）があれば過負荷分をそちらに移すことを考えます。
- 過負荷分を外注先でカバーできないか考えます。

　これらの作業は、非常に複雑となるので手計算ではかなり大変です。実際には、「生産スケジューラ」などのソフトウェアを利用するのがよいでしょう。また、特にネック工程を重点的に検討します。
　期間別の計画とやるべきことをまとめると、次の図のとおりです。

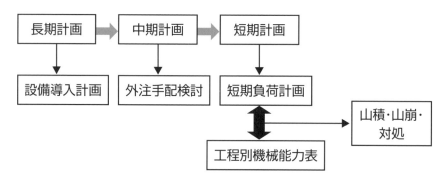

新規設備を導入する際のステップ

　設備を購入するということは、経理的には資産の流動部分が減る（使えるお金が減る）、あるいは借入れによる負債が増えるということになるので、その必要性・効果を十分に検討しなければなりません。
　なお、ここでは負荷対処の面での検討なので、品質・安全・環境などの理由から必要となる設備は別の観点から評価してください。
　新規設備を導入する際のステップは下図のとおりで、検討すべき項目は次ページの表に示したとおりです。

◎新規設備を導入するときの検討事項◎

項 目		内 容
価格面	金額	自社にとって過大な投資とならないか
	利益効果	何年で元が取れるか
サイズ	寸法	所定の場所に収まる寸法か
	重量	所定の場所の耐荷重は大丈夫か
性能面	生産速度	計画値に対応できる生産速度をもっているか
	操作性	自動化の程度・手操作のしやすさ・表示の見やすさ、プログラムの組みやすさ・ワーク着脱の自動化等
	精度	所定の精度が得られるか、ばらつきは少ないか
	安定性	継続的に性能が維持できるか
保守性	日常保守	点検しやすいか、チョコ停が少ないか
	定期保守	社内保守のしやすさ、メーカーサービスの利用しやすさ
環境面	周辺環境	騒音・振動・においが少ないか、環境汚染がないか
	エネルギー	電力消費量は少ないか

【事例】 M社は従業員30人の機械加工メーカーです。親企業の新製品計画に合わせて部品45点を受注し、新たに担当になったNさんが負荷・能力の計画を立てました。慎重に計画し、自信をもって生産に入りましたが、計画に反して負荷をこなせません。

【Nさんの対応】 先輩のC係長に計画を見直してもらったところ、機械と作業者や機械と機械の干渉時間（ある機械の加工が終わっても作業者が他の作業や他の機械に関わっているため、次の加工に入れない待ち時間）を見込んでいませんでした。作業分析のしかたも教えてもらいましたが、M-M(マンマシン)チャートの作成は教育研修のなかに入っていませんでした。M-Mチャートはインダストリアル・エンジニアリング（ＩＥ）の作業分析法で、大企業でもそう使うことはありません。しかし、**ＩＥの手法は生産計画や設備管理にはとても役に立つ手法**ですから、勉強することをおすすめします。

4-2 設備レイアウトの実務ポイント

設備レイアウトの重要性

　工場内で設備をどうレイアウトするかは、生産性に大きく影響します。基本的には加工品だけではなく、人も含めて移動距離や時間が最短となるように配慮する必要があります。

　人や加工品の動線が複雑に入り組むことは搬送の手間がかかり、搬送のための人件費（あるいは搬送機器の費用）のアップ、工程内仕掛りの増加、納期の長期化などの悪影響が考えられます。

　また、人為的ミスとして送り先間違いによる誤造や、不注意による搬送途中の加工品や機械の損傷の可能性もありますし、安全面からも好ましくありません。

設備レイアウトの原則

　設備レイアウトの基本となる原則は、次のとおりです。
①物流費用を最小にする
②製品の流れをスムーズにする
③平面だけでなく立体的にスペースを活用する。ただし、職場の視野を妨げないように注意を払うこと
④安全と環境に留意する
⑤変更に対するフレキシビリティをもたせる

設備レイアウトの種類と特徴

　設備レイアウトには多くの種類がありますが、大きくは次の4つに分けられます。
①ジョブショップ型…「機能別レイアウト」ともいいます。機械加工なら、旋盤は旋盤同士、フライス盤はフライス盤というよ

うに、同種の機械や装置をまとめて配置するレイアウトです。

②**ライン型**…「製品別レイアウト」「フローショップ型レイアウト」ともいいます。設備を製品の工程順に配置するレイアウトです。わかりやすい反面、ムダな部分も出やすい傾向があります。

③**セル型**…製品ごとに設備をまとめてグループ化し、1人または数人で工程を編成するレイアウトです。

④**固定型**…製品は一定の場所で動かず、作業者や設備を現場に集中させて生産するレイアウトです。大型の備蓄タンク、船舶、飛行機などに適用します。製造業ではありませんが、ビルの建設をイメージするとわかりやすいでしょう。

それぞれの特徴は次のようになります。

タイプ	メリット	デメリット
ジョブショップ型	●多品種に対応しやすい ●作業者の熟練度が増す ●トラブル時の代替機利用	●製品の流れが複雑 ●多能工化が難しい ●他工程との連携が困難
ライン型	●リードタイムの短縮 ●分業で作業者の習熟が容易 ●装置稼働率が高まる	●品種切替えに制約 ●多能工化が難しい ●装置故障時に全体が止まる
セル型	●多品種少量に対応しやすい ●作業者の責任感・達成感醸成 ●競争による品質・生産性向上	●設備や治工具が多くなる ●多能工化が要求される ●部品供給が複雑
固定型	●大物生産に向く ●レイアウトに複雑さがない	●作業順序や機械・設備の設置スケジュールが複雑

生産量の多い順に並べれば、「ライン型→セル型→ジョブショップ型→固定型」ということになり、生産量がレイアウトを決める大きな要素であることがわかります。

このほかに、多品種少量生産ですが、同様な工程を踏む製品をグループ化してライン型のようにレイアウトするGT（グループ・テクノロジー）もあります。

配置には、I字型（一直線）、U字型、L字型、O字型などがあります。I字型が基本的な形ですが、建物空間の制約で折り返すとU字型、曲げるとL字型になります。ただ

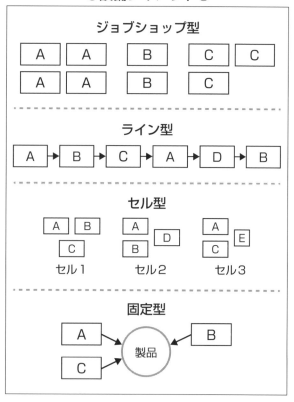

し、U字型やO字型には作業者が振り返ったり左右に移動したりすれば他の工程を処理できる（機械ならば複数台持ちできる）という積極的な意味もあります。

複合加工機の効用

マシニングセンターやターニングセンターを「**複合加工機**」と呼びますが、たとえば、マシニングセンターならば中ぐり・フライス削り・穴あけ・ねじ立て・リーマ仕上げなど多種類の加工を連続で行なえるので、ジョブショップ型でありながら、配置にこだわらずにライン的な工程をこなせるという自由度があります。

また、多くの機械の間で加工品を受け渡す必要もありません。近

年では、直交3軸と旋回2軸とを同時に制御することで、さらなる複雑形状の加工を可能にする「5軸制御マシニングセンター」も普及してきました。

ただし、一般に複合加工機は高価であり、**生産量が多い場合はライン型に単能機を並べたほうが生産性も上がり、有利なことが少なくありません**。同じことは、組立ロボットについてもいえます。生産量・製品の種類の多さに応じて費用対効果を検討して、導入することが大事です。

【事例】P社は、基板組立のメーカーで、女性従業員を中心に60人が作業を行なっています。従来は、少品種多量生産だったのでライン生産を行なっていましたが、最近、最終製品に対する顧客の好みの多様化に伴い、多品種中量生産に移行してきたので、これに応じてセル生産に切り替えることになりました。

一方、今年中にベテラン社員2名の退職が決まっており、P社ではそれを見越して3人の新入社員を採用しました。ただしセル生産では、1人に多工程持ちが要求されるということで新人の扱いに困っていました。

【P社の対応】検討の結果、3〜4人で構成しているセルのほかに10人の大型セルを1つつくることにしました。ライン型との折衷型とも考えられ、1人の持ち工程が少なくなります。新人にはそのなかで、さらに持ち工程を少なくし、ライン型の特徴である「早く習熟する」利点を生かしました。新人の作業が遅れたときに左右の人が遅れている工程を手助けすることもしやすくなっています。

設備の配置は新人の習熟に合わせたり、生産量に合わせたりして、柔軟な発想で対応することで、生産性や人的能力の最適活用ができます。

4-3 運搬管理の実務ポイント

「運搬管理」とは

生産においては、材料・部品・仕掛品・型・治工具などが工程間を移動したり、工程に供給されたりします。これを「**運搬**」といい、生産に必ず付帯する活動です。

運搬の定義は「**必要な品物を、必要な量、必要な時刻に、必要な場所へ迅速・安全に移動すること**」となっており、運搬を効率的に行なうように管理することを「**運搬管理**」と呼びます。英語では「Material Handling」といいますが、現場では通称「マテハン」といわれます。

運搬そのものは付加価値を生みませんが、加工・組立との組み合わせで運搬が最適になるように管理することは、生産性に大きく影響します。

運搬管理の目的とポイント

運搬管理の目的は、生産の主体となる加工・組立がスムーズに行なえるように、生産の対象品（材料・部品・仕掛品・製品など）や付帯する必要品（型・治工具など）を適切に移動することです。そのためには、次のようなことがポイントになります。

①**配置**…機械・設備・倉庫を適正に配置する

②**機器**…適切な搬送機械や搬送器具を用いる

③**作業**…合理的な運搬作業を行なう

④**安全**…安全性を確保する

⑤**省エネ**…省エネルギー対策を実施する

⑥**環境**…環境に配慮する

運搬分析のしかた

運搬作業改善の元となる「**運搬分析**」については、次の３つの種類があります。

分析の種類	分析内容
運搬工程分析	対象品が加工・組立されていく動きを記録し、分析・検討する。
運搬活性分析	対象とする品物の移動のしやすさの観点から、品物の置き方・荷姿について分析・検討する。
空運搬分析	品物を移動させずに、人や運搬機器だけが移動する「空運搬」を見出し、削減を検討する。

①運搬工程分析

直線式運搬工程分析と**配置式工程分析**があります。

直線式運搬工程分析の例を示すと、右図のとおりです。

配置式工程分析は、現場配置図の上に運搬経路を移動線で結んで示します。

使われる記号は「基本記号」「台記号」「移動線」です。

【基本記号】

記号	名称	内　容	物品
⌒	移動	物品の位置の変化	動く
◠	取扱	物品の支持法の変化	
○	加工	物品の形状の変化・検査	動かない
▽	停滞	物品の変化なし	

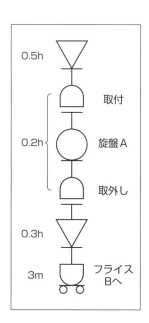

【台記号】

記号	名称	内　容
———	ひら	床・台などにバラ置き
⎿⎾	箱	コンテナ・箱などにまとめられた状態
⊤⊤	枕	パレットに載せられた状態
◯◯	車	台車などに載せられた状態
▭	コンベア	コンベア・シュートなどで動かされている状態

【移動線】（線の前の色名は着色する場合）

移動するもの	物	人	運搬具
線表示	(黒) ———	(赤) ---------	(青) -・-・-・-・・

②運搬活性分析

活性示数で移動のしやすさを表わします（数値が大きいほど移動しやすい）。

状　態	示数	手間の内容
床・台等にバラ置き	0	まとめて、起こして、あげて、運搬
容器等にまとまっている	1	起こして、上げて、運ぶ
パレット上	2	持ち上げて、運ぶ
車上	3	曳いていく
動いているコンベア上	4	そのまま移動する

③空運搬分析

空運搬係数を算出して減少を図ります。

$$空運搬係数 = \frac{人の移動距離 - 品物の移動距離}{品物の移動距離} = \frac{空移動距離}{品物の移動距離}$$

この係数は、ゼロ（人の移動はいつも品物の移動を伴っている）

が望ましいのですが、改善は1（人の移動が品物の移動の2倍）～
2（人の移動が品物の移動の3倍）をめざしてください。

以上の改善の狙いをまとめると次のようになります。

移　動	ムダな移動の排除、移動距離の短縮、経路の直線化、保管場所の最適化、空運搬の削減、停止（▽）の削減
方　法	活性示数の向上、載せ替えの削減、重力利用、空間利用、運搬車活用、機械化、自動化
取扱い	同一荷姿に、パレット活用

【事例】　F社は、従業員80名の電気機器組立企業です。2か月前に
工程の合理化を図り、1本のラインで生産していたものをメインラ
インと2本のサブラインに分離しました。

　ところが、それ以降、手押し運搬台車の衝突で部品が床に落下す
るという事故が散発するようになりました。対策会議を開きました
が、原因分析法が定まらず、専門家の調査に委ねることになりまし
た。

【コンサルタントの見方】　コンサルタントA氏に相談したところ、
A氏は現状把握のために、「測位システム」の導入を勧めました。
これは、物品や人に発信機を取り付け、受信機で位置情報を受け取
るシステムです。

　さっそく、システムを導入して現状を分析したところ、2つのサ
ブラインからメインラインへの合流点のスペースが小さいため、台
車の動きが制限されていることがわかりました。

　対処方法がわかっただけでなく、このデータをもとにさらなる運
搬全般の改善に向け取り組むことができます。こうした「見える化」
のためのコストは決して高くありません。

4-4

金型・治工具の管理のしかた

型・治工具の重要性

　生産計画では、機械（割当てまたは新設）の手配が行なわれますが、機械に劣らず重要なのが「**型**」「**治工具**」の手配です。これがそろわないと、加工や組立が始められません。十分に工程を吟味して型・治工具の手配モレがないようにしてください。

　特に、製作に時間のかかる樹脂成形型やプレス型は早めの手配が必要になります。

　なお、型・治工具と呼んでいますが、個々の説明には特殊形状の刃具（カッター、バイトなど）や検査工具も含まれます。

金型の手配

　金型は、製作のリードタイムが長いので、一般には中期計画の段階で手配をします。最近では、ＣＡＤ／ＣＡＭのシステムを使って型を起こすことが普通になってきています。

　ただし、この段階では製品図面が固まっていないことも多く、型製作中に図面訂正が入ることも珍しくありません。図面訂正があったときは、すぐに型製作部門（外注の場合も含めて）に連絡を取って、修正することを心がけてください。

　プレスの「順送型」の場合などは、生産初期には複数の「単発型」で生産し、生産が安定してから順送型に切り替えることも行なわれています。

　この場合は、手配が二度必要になるので、順送型に切り替えるタイミング（早いと図面訂正リスク、遅いとコストアップが生じる）を見きわめてください。

　手配時に必要な条件を示しておくと、次の表のとおりです。

86

項目		内　容
製品	製品寸法	大きさ、精度、肉厚（プレスなら板厚、樹脂なら薄肉等）
	製品材質	●鉄、アルミニウム、真鍮、ＳＵＳ等 ●汎用プラスティック（塩ビ・ポリエチレン・ＡＢＳ等）、エンジニアリングプラスチック（ポリアセタール・ポリアミド・ポリカーボネート・ＰＥＥＫ等）、熱硬化性樹脂（フェノール樹脂・メラミン樹脂等）
	種類	●抜き、曲げ、絞り、複合型、順送型 ●射出成形、インサート成形、熱硬化用 ●１個取り、多数個取り ●鍛造用、鋳物用、ダイキャスト用
型	工程数	●何工程の型を用意するか ●単発型、順送型、複合型
	材質	炭素鋼、工具鋼、ダイス鋼、超硬合金等
	予備型	有無
	納期	

型の管理方法

　金型は、取得金額によって償却のしかたがいくつかありますが、**原則として資産計上**されます。それだけに、経理上を含めて管理を十分に行なわなければなりません。

　なお、償却については、たとえば取得価格が10万円未満のものは経費扱いで一時償却ができます。また、青色申告者の中小企業は特例として30万円未満であれば一時償却ができます。

　外注先に製品加工を依頼する場合には、先方が型を手配する「**型持ち**」と、自社で調達した型を先方に支給する「**支給型**」がありますが、「型持ち」の場合でも、自社から型代を製品と別に支払えば自社に管理責任が生じる「自社の資産」になります。

87

型使用場所	調達元	自社資産
自社	——	○
外注先	自社が調達し貸与（支給型）	○
	外注先が調達（型代支払い）	○
	外注先が調達（型代は製品に上乗せ）	×

管理の実務

型の管理は、「現物」と「帳簿（型管理台帳・型履歴管理簿）」に分かれます。

①型管理台帳

型管理台帳は、資産管理台帳の一つで、新規に型が調達されると型管理台帳に登録され、「管理No.」「名称」「部品番号」「型番号」「製作者」「登録日」「保管場所」などの項目が記載されます。

現物は型棚などに保管されるので、型管理台帳には型番号と保管場所（棚番号）との照合ができるようにすることが特に重要です。

②型履歴管理簿

型管理台帳と一体にすることもできますが、こちらは型そのものについての性能維持や修理時期、寿命予測といった管理目的をもっており、記載項目も多くなるので別にするほうが一般的です。

電子帳簿化した「金型履歴管理システム」もあり、予測寿命に達したときにアラームを出すなど便利な機能があります。

【型履歴管理簿の記載項目例】

項目分類	項　目
管理関係	管理No.、名称、部品番号、型番号、メーカー、登録日
履歴関係	加工使用日、加工数、作業者名、研削の有無、累積加工数
メンテナンス関係	不具合現象、メンテ日、メンテ内容、担当者名

【事例】プレス加工業Ｈ社は50年近く続く企業ですが、工場を都内から福島県に移すに当たり、大規模な型の棚卸しを行ないました。その結果、簿外品を含めて約800個の型が見つかりましたが、多くは親企業からの支給品で、最近はまったく使われていないものもかなり含まれていました。

また、このなかには親企業の製品が打切りになっており、修理サービス用に年１回50〜100個の生産だけに使われている型もありました。型管理にはスペースも人手もかかるので、Ｈ社ではこの機会に総整理をすることにしました。

【Ｈ社の対応】現行製品の型以外を次のように分類しました。

①簿外品

②使われていない型

③製品の修理サービス用にのみ使われている型

①については、ただちに廃却しました。

②と③については、親企業に今後の使用の可能性を問い合わせ、予定のないものについては廃却手続きを依頼しました。サービス用のうち製品打切り後３年未満のものは残し、３年以上経っているものは最終オーダーを出してもらい、その数量だけ生産したのちに廃却手続きを依頼しました。

これにより約300型を廃却することができ、新工場の型保管スペースを計画の３分の２ですませることができました。

また、同時に廃却基準を設定しましたが、その主な内容は次のとおりです。

①型ごとに保管期限を設定

②廃却手続きの設定

③ラストオーダーの依頼ルール

④処理担当者の明確化

4-5 設備保全の実務ポイント

「設備保全」の目的

　設備は、加工・組立・運搬など生産活動を達成するために導入しますが、劣化によって故障・停止・性能低下など、所期の機能を果たせなくなり、生産活動に影響を及ぼすようになります。

　「設備保全」は、このような劣化を防ぎ、修復をすることを目的としますが、具体的には下表のような目的があります。

目的	内　容
信頼性の維持	劣化を防止し、故障が起きないようにする
保全性の維持	点検・修理をしやすくし、故障時の修復を容易にする
経済性の最適化	保全や修復の費用を最小にする。休止損失を避ける
生産品質の向上	製品不良の減少、納期遅延の減少、作業の安全確保

設備保全の種類

　設備保全は、次のように分類されます。

①**事後保全**（ＢＭ：Breakdown Maintenance）

②**予防保全**（ＰＭ：Preventive Maintenance）

③**改良保全**（ＣＭ：Corrective Maintenance）

④**保全予防**（ＭＰ：Maintenance Prevention）

⑤**生産保全**（ＴＰＭ：Total Productive Maintenance）

　1951年にアメリカから予防保全の考え方が導入される前は、ほとんどの場合、設備が壊れてから修理をする①の事後保全でした。事後保全では、修復まで生産が止まったり、修理費用が多大になったりする問題があります。

　②予防保全は、これを避けるために故障を事前に防ごうとするも

90

ので、身近なところでは自動車の定期点検や車検があげられます。
　③〜⑤は、予防保全から発展したものです。
　②以下の保全内容は、次のとおりです。

種類	内容
予防保全 PM	故障を事前に防ぐためのメンテナンスや定期点検による保全、オーバーホールなどを行なう
改良保全 CM	故障の再発防止のために頑丈な部品と交換するなど、設備の弱点を補強する
保全予防 MP	工場設計や新しい機械設備を導入する時点での保全。最初の段階で高信頼性の設備を導入することで故障を防ぐ
生産保全 TPM	全員参加による小集団活動をベースにした全社的保全

寿命特性曲線（バスタブ曲線）とは

　一般に、設備の故障率は右図のように時間とともに変化します。これを「**寿命特性曲線**」と呼びます。

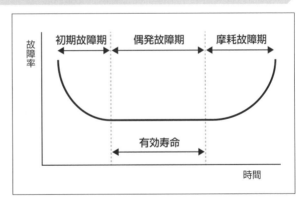

　初期故障期は、設備の不備や作業者の不慣れによる故障が多く、これらは部分的な補修・改善や作業者の習熟により減少していきます。故障率がある程度まで下がると、安定して**偶発故障期**に入ります。偶発故障期には、いわゆるチョコ停が発生しますが、これを防ぎ、有効寿命を延ばすのがPMの主目的です。有効寿命の期間を過ぎると**摩耗故障期**に入り、故障率が増加していきます。この期には、大きな修理や新規設備との交換が必要になってきます。

PM活動の内容

PM（予防保全）活動は、次のように分類されます。

①日常保全

その設備を使う作業者が主体で、毎日行ないます。

②定期点検

1か月、6か月などの期間を決めて点検するもので、主として点検技術をもった担当部門や担当者が行ないます。

なお、部品交換には「時間基準」（一定の期間が過ぎたときに早めに部品を交換する）と「状態基準」（摩耗状態等を見て部品を交換する）があります。時間基準のほうが装置の性能維持には有利ですが、まだ使える部品を交換するので平均の部品代は高くなります。実際には、部品劣化の影響度や部品の価格により、いずれかの基準を選択します。

③補修・整備

これは、担当部門や担当者が行ないますが、専門性が高く社内で対応できない場合は、メーカーや専門業者に依頼します。定期点検・保守サービスを行なっているメーカーもあるので、高価で難易度の高い装置については、契約を検討する必要があるでしょう。

TPMの導入手順

TPM（生産保全）の中心は「**日常保全**」で、その導入順序は次のようになります。

①全員参加の小集団活動があれば、そのなかに保全の観点を取り込みます。その活動がなければ、保全を目的にした小集団の立上げから始めます。

②職場ルールを設定します。

● 作業者が身近にできること…始業・終業時の点検。段取り替え時の点検、清掃方法、整備注油のしかた、増し締めなどのルール

● 作業者が処置できないこと…不具合・異常の報告ルール

92

③実績を反映させて、自主保全基準と日常点検表を作成します。

④日常点検表による点検を徹底させます。同時に、清掃、給油、点検などの基準を作成し、個人ごとのばらつきを防ぎます。

⑤勉強会等によって、小整備（簡単な部品交換、異常時の応急対応など）の知識を学び、簡単な不具合に対処できるようにします。

⑥活動結果を見直してレベルアップしていきます。

【事例】 中堅企業Ｂ社の関連企業Ａ社は、従業員約60名の部品メーカーで、切削を中心に機械45台を保有しています。小集団活動とＰＭは実施していましたが、チョコ停が多く、活動の効果が十分に出ていないと感じていました。チョコ停の影響で、時間外で対応してもＢ社への納期遅れがしばしば発生しており、担当の課長や係長は、特にＰＭについて他社を見学して参考にしたいと考えていました。

【Ａ社の対応】 Ｂ社課長の勧めで、Ａ社の課長と係長がＣ社を訪ねました。Ｃ社はＴＰＭ活動を行なっており、製造課の壁には「自分の愛機は自分で守ろう！」と大書したスローガンが掲げられており、各機械には担当作業者によって「花子」「ゆかり」などという名前がつけられていました。

　始業後５分と終業前10分は、保守時間として全員が各機械の清掃・点検を行ないます。また、グループごとに毎月の目標を設定し、月の最終金曜日はＴＰＭ活動に１時間とって、目標の達成度報告、次月の目標設定、設備に関する勉強、提案などを自主的に行なっています。提案制度もあり、表彰者とその提案内容も掲示してありました。自主保全基準、日常点検表、清掃基準、給油基準、点検基準も作成されており、サンプルをもらうことができました。

　２人は大いに刺激を受け、自社に戻ってから皆と話して、従来からの小集団活動をベースにＴＰＭ活動を行なうことにしました。準備に１か月ほどかけましたが、３か月でチョコ停が半分以下に減り、納期遅れもなくなって、Ｂ社も成果を認めています。

COLUMN

ＳＬＰの活用

ＳＬＰ（Systematic Layout Planning）は、リチャード・ミューサーが1973年に発表したレイアウト計画手法です。ただし、生産するものが決まっていること、レイアウトする場所に自由度があることなどが前提になるため、生産対象・工程順序がはっきりした新工場や新建屋でないと使いにくいことになります。しかし、考え方は、多くのレイアウト計画の参考になるので紹介しましょう。

①前提条件の設定

前提条件のうちのアクティビティとは、設備・機械・倉庫・事務所・工具室などレイアウトの要素です。

②Ｐ－Ｑ分析

次に、製品の種類別に生産量の多い順に並べたＰ－Ｑ分析によって生産形態を決めます。

③アクティビティ相関ダイアグラム

そして、アクティビティ相関ダイアグラムを作成します。

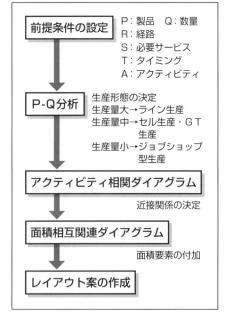

これは、２つのアクティビティの近接の必要度を６段階で評価したものです。

④面積相関ダイアグラム

③によってアクティビティの配置を決めたら、それに面積の要素を加えた面積相関ダイアグラムを作成します。

⑤レイアウト案の作成

最後にレイアウト案を複数作成して、比較評価・決定します。

5章

外注管理のすすめ方と
問題解決の方法

Production
Management

執筆 ◎ 谷口　紇

5-1 外注管理のしくみと外注の問題点

外注と購買のちがい

　企業がもっている経営資源には限りがあり、すべての部品・工程を自社で賄うことはできません。

　そこで、材料・部品・工数などを外部から調達することになりますが、外部調達の方法には「**外注**」と「**購買**」があります。

　自社で仕様や図面を用意し、これに沿って外部から調達するのを「外注」、調達先仕様や一般規格（ＪＩＳなど）のものを調達するのを「購買」と呼んでおり、それぞれ管理方法が違います。

　この章では、「外注管理」に絞って説明していきます。

◎外部調達は外注か購買で行なう◎

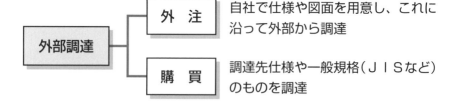

「外注管理」とは

　外注品や外注先の選定から、外注方法（一括外注か単工程の外注かなど）の決定、価格の取決め、納期決定、型・治工具や材料支給の有無、図面交付と発注、進捗管理、受入、検査、代金決済までの業務を管理することを「**外注管理**」といいます。

　外注管理は、外注先に対する自社の代表として、社内の生産管理よりも幅広い業務を扱うといえるでしょう。

外注管理の重要性

部品や、部品が組み合わさったユニットの過半数、70〜80％を外注して、社内では重要な（心臓部となるような）部品・ユニットと組立だけを行なっている企業や製品は少なくありません。

それだけに、外注品の品質・コスト・納期が、製品の品質・コスト・納期に影響を与える可能性が高くなります。

しっかりとした外注管理を行なうことが、よい製品を市場に提供するカギとなるといっても過言ではありません。

外注の目的とは

外注の目的は、自社で生産可能なものと、自社で生産できないものとに分けられます。

まず、自社で生産可能なものの外注目的は、主に次の３つです。

①コストダウン　　②生産能力の調整　　③小ロット対策

①のコストダウンは、自社で生産するよりも外注調達をしたほうが安いときに可能ですが、注意しなければならないのは、自社のコストには**間接部門の費用配賦**がされていることです。

自社で生産可能なものを、コストが低いからといって外注すると、費用配賦の分担対象が減って全体のコストを押し上げることになりかねません。

②の生産能力の調整とは、自社の工程負荷のオーバーフロー分を外注先の小回り性を利用して吸収してもらうことです。

外注先が負荷のダンパーの役割を果たしてくれますが、この種の仕事ばかり外注先に依頼していると、外注先の負荷の平準化が難しくなるので、**外注先の負荷状況にも留意**が必要です。

③の小ロット対策とは、社内で安定的に製品が流れている場合に、小ロット品が投入されると、そのつど段取り変更が必要となったり、

5章

外注管理のすすめ方と問題解決の方法

97

立ち上がり時の不安定作業が発生したりして生産効率が悪くなるので、それを避けるために外注するものです。

このケースは繰り返すことが多いので、外注先とよく連携をとっておくことが、次回以降のスムーズな依頼につながります。

一方、自社で生産ができないものとは、専門性の高いものや自社で生産すると多額の設備投資が必要となるものなどをいいます。

よく行なわれているのは、メッキなどの表面処理、歯切加工、長尺物や大径物の切削加工、ジグボーラー加工や治具グラインダー加工などの外注です。また、三次元測定機による測定や、特殊な検査を外部に依頼することもあります。

この種の外注先は、複数の企業から仕事を受注していることが多いので、外注先の負荷状況を事前に把握し、できれば発注の内示か見通しを伝えておくことが必要です。

◎外注の目的にはいろいろある◎

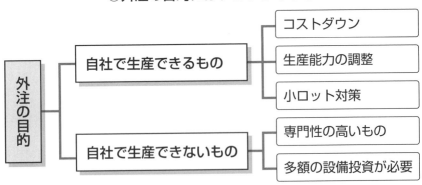

外注の問題点

外注には、以下にあげるようなデメリットもあります。
①納入日程を内製よりも余分に見なければならない
②輸送コストがかかる
③管理レベルが低いところも多い

④いったん、購入価格が決まると積極的なコストダウンがしづらい

⑤支給品（材料・型など）の管理が間接的になる

⑥自社に製造ノウハウが蓄積されない

　これらをよく認識したうえで、「日程に余裕を見る」「輸送方法を考える」「適切に外注指導をする」などの対応をとりながら、生産計画に影響を及ぼさないように外注管理をする必要があります。

外注先は対等なパートナー

　外注先は企業にとってどのような存在か？　どのような存在であるべきか？　という点はよく議論になります。

　1980年代には、系列取引が問題になって外国からバッシングを受けた頃からこの議論は盛んになりました。結論的にいえば、外注先は企業の利害関係者（ステークホルダー）の一つであり、事業を遂行していくうえで直接的、間接的にさまざまなモノやサービスを提供してくれるパートナーです。外注先（あるいは協力会社）との良好な関係を構築できた会社は強い、といわれて議論は収まりました。

　外注先が自社より規模の小さい企業だと、得てして自社の優位な立場を利用して外注先に無理な要求をするケースが見られます。特に、下請け的な外注先は弱い立場になりがちなので、下請取引の公正化、下請事業者の利益保護を目的として、「下請代金支払遅延等防止法」（下請法）が定められています。

　法律を遵守することは当然ですが、法以前に自社と外注先は製作を委託し、加工や部品・ユニットの製作に対価を支払う相手先で互いに協力関係にあり、先に述べたように共存共栄を図るパートナーである、という意識をもつことが大事だと考えます。

5-2 外注計画の上手なすすめ方

外注計画で決めること

生産計画では、数量計画、手順計画（工程設計・作業設計）、設備・人員計画、工数計画、日程計画が作成され、資材購買や内外製区分にもとづく「**外注計画**」も作成されます。

外注品の場合は、手順計画や設備・人員計画は外注先にゆだねられるので必要ありません。また、数量計画から外注所要量も自動的に決まります。

したがって、外注計画では、外注先の選定と納入日程、納入単価の決定がポイントになります。

外注先の選定のしかた

外注先の選定は、従来から慣行的にほぼ決まっている場合と新規に開拓する場合とに分かれます。

①慣行的に決まっている場合

以前から発注実績があり、自社の希望をよく理解してくれ、品質・納期等もよく守られている企業で、発注側もその技術レベル等の内実をよく把握している企業には、安心して発注できます。

ただし、その信頼を担保するためには、品質・納期が守られているか、技術レベルや管理レベルに変化がないかについて、継続的に見守る必要があります。

②新規に開拓する場合

従来からの外注先では対応できない加工の依頼、生産量増加への対応、コストダウン、重点部品の安全弁、対応の悪さなど、さまざまな理由で、新規の外注先を探さなければならないこともしばしば起こります。そのためには、まず情報を集めなければなりませんが、

◎新規取引先チェックリスト◎

評価項目	適合	改善可能	不適合
所有技術・設備は希望条件に合っているか			
安定供給に不安はないか（企業規模・経営状況）			
他社（特に大手企業）への納入実績はあるか			
各種表彰の受賞実績はあるか			
品質は信頼できるか（ISO9000認証取得等）			
コストはターゲット価格内に収まるか			
納期は守れるか			
所在地は納入に便利なところか			
５Ｓは徹底しているか			

情報源は主に次の３つです。

- **関係先からの情報**…金融機関、商工会議所、商社、自治体、同業者などからの口コミ的情報
- **引き合わせの場からの情報**…見本市・商談会（金融機関や自治体などが主催）
- **ホームページからの情報**…最近はホームページを開設している企業が多いので、インターネットで検索して探す。

　一方で、自社が希望する要件をあらかじめ決めておくことも大事です。要件としては、所有技術や設備、企業規模、経営状況、他社への納入実績、所在地（納入のしやすさ）などがあげられます。候補企業が集まったら、その要件をもとに選定を進めます。

　候補が絞られたら交渉に入りますが、まず先方に打診してから図面・数量・納期を示して見積もりをしてもらうとともに、原則として生産現場を見せてもらいます。契約前なので守秘義務上、図面を出せないこともありますが、その際は同等品で見積もりをしてもらいます。

また、相手企業にも見せられない工程があるかもしれません。その場合は、公開できるところを見せてもらうだけでもその企業の管理レベル・技術レベルは推定できるものです。これをもとに、新規外注先を決定し、契約に進みます。

納入日程の決定

納入日程の決定には、社内の生産計画からの要請と、外注先の能力との調整が必要になります。

生産計画からの要請では、納期の決定法は「**一括納期**」「**逐次納期**」「**混合方式**」の３つに分かれます。

「一括納期」は、外注品に対してすべて同じ納期を指定するもので、外注部品がそろったところで社内の組立などの工程がスタートします。管理は楽になりますが、在庫スペースが増える、最終製品の納期が遅くなる、などの欠点があります。

「逐次納期」は、ＪＩＴ方式が代表的ですが、社内の工程の進行に合わせて外注品が供給されるように納期を決定するもので、社内在庫を抑えることができます。ただし、管理は一括納期より複雑になります。

「混合方式」は、キーとなる重要部品・ユニットや、かさばる部品・ユニットを社内工程の進行に合わせた逐次納期とし、その他の部品・ユニットを一括納期とするものです。

なお、これらの納期に無理がないかについては外注先との調整が必要ですが、納期には輸送にかかる日数を考慮する必要があります。

納入単価の決定

外注先の工程・工数・レイト（時間当たりのコスト）などはつかめないことが多いでしょう。その場合は、前例や類似品の価格からコストを押さえておきます。最終的には、外注先からの見積もりを元に価格交渉をしますが、発注側としては製品全体の最終コストからの割付けコストや想定コストを念頭に調整することになります。

102

【事例】 S社は、伝動機器製造の中堅企業です。同社では、外装や歯車など多くの部品を外注先に依頼していましたが、ある日、突然に歯車の外注先から製造ミスのため指定納期に10日ほど間に合わないとの連絡がありました。そこでS社は、影響を受ける出荷日程について大急ぎで検討を始めました。

【S社の対応】 最初に社内在庫を調べてみましたが、在庫はありません。また、指定納期に余裕があるかを調べましたが、余裕は2日だけでした。

次に、組立工程を調べました。工程のクリティカルパスと余裕日程を調べたところ、該当工程への投入を3日遅らせてもよいことがわかりましたが、結果として納入は5日間遅れ、顧客からのペナルティを受けざるを得ませんでした。

S社では、それ以降キー部品についてはPERT図を作成して日程管理をするとともに、クリティカルパス上の工程に仕掛在庫を持たせるようにしています。

なお、PERT図とは右図の

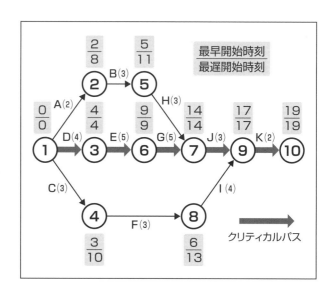

ようなもので、一般にプロジェクトや納期の長い製品・建築物などに使われます（クリティカルパスや余裕日程を求めることができる）が、普通の製品でもキー部品に絞ったり、投入日程別に部品をグループ化したりするなど作成しておくことで、突然の計画変更に備えることができます。

5-3 契約の結び方と発注のしかた

外注先との契約のしかた

外注という行為は、外注先に製造を委託し、外注先がこれを受託して、成果物に対して自社が対価を支払う、という企業間の契約になるので、外注先とは**製造委託契約**を結ぶ必要があります。

この契約は、一般的に「**基本契約**」と「**個別契約**」に分けて結びます。

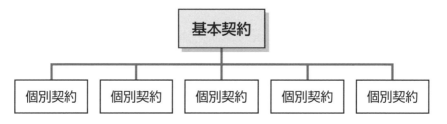

基本契約は、外注先企業との取引が続く限り有効とされるもので、個別契約は個々の発注に対して規定したものです。

ただし、基本契約を細かく規定し、自社からの注文書発行（名称・単価・納期・数量・納入場所・支払条件など）と外注先からの注文請書発行で個別契約に代えるとする契約のしかたもあります。

契約書に規定する項目の例を、次ページの表に示します。特に、発注側としては**下請代金支払遅延等防止法**（下請法）を遵守しなければなりませんが、この法律の目的は、下請取引の公正化と下請事業者の利益保護です。

下請法では、4つの義務と9つの禁止事項が規定されていますが、それぞれ次のとおりです。

- **4つの義務**…①支払期日を定める義務、②発注書面の交付義務、③遅延利息の支払い義務、④書類の作成・保存義務

◎契約書に規定する項目の例◎

項　目	内　　容
注文書発行	名称・単価・納期・数量・納入場所・支払条件など
注文請書発行	外注先からの受託の意思表示
価格	外注先からの見積書の提出と協議
仕様書	製品仕様書・工作図・検査基準書・荷姿指示書など
品質保証	品質保証体制、品質・信頼性の確保
納入	納期厳守、自社都合で早めたとき、外注先都合で遅れたとき
検査	速やかな検収、不良品の処置
瑕疵担保責任	瑕疵の補修、代替品納入、代金減額、代金返却、損害補償など
支払い	請求書発行、支払期日、支払方法
資材供給	支給材（有償または無償）、無償支給材の管理、型・治工具は貸与か外注先持ちか、貸与のときの管理
調査・技術指導	生産管理・品質保証などに関連する資料の調査、必要に応じ技術等の指導
工業所有権	自社所有の工業所有権の使用許諾、新規に出願するときの処置、抵触したときの処置
守秘義務	双方の技術上・業務上の秘密
法令遵守	一般法令、下請法
契約の解除	契約違反、法令違反、破産など
契約終了時	仕様書・図面類の返却、無償支給材の残材・型・治工具の返却
協議義務	特段の定めのない事項について

5章　外注管理のすすめ方と問題解決の方法

●9つの禁止事項…①不当な受領拒否、②支払遅延、③不当な値引き、④不当な返品、⑤不当な買いたたき、⑥強制購入、⑦報復処置、⑧早期決済、⑨割引困難な手形の交付

外注管理におけるＡＢＣ分析と発注方式

契約がすむと「発注」ということになります。

発注の際の必要条件は、契約書の項目として前ページ表にあげたので、ここでは「ＡＢＣ分析」と「発注方式」について触れておきます。

これらは、在庫管理の手法（詳しくは9章を参照してください）ですが、継続的に発注する外注品を対象とした場合も効果が大きいものです。基本的には、重点管理の考え方です。

進め方は、外注品を金額の大きい部品・ユニットからグラフ上に順に並べてパレート図を作成し、次のように発注方式を選びます。

グループ	パレート図分類	発注方式	管理の手間	在庫
A	上位10％程度	定期発注方式	大	小
B	次の20％程度	定量発注方式	中	大
C	残りの約70％	常備品管理方式 （目で見る管理）	小	―

【事例】光学機器大手企業Ｇ社の外注先Ｅ社は、従業員20人のインジェクションモールド用成形型メーカーです。Ｇ社を主顧客として15社ほどに型を納めています。

Ｇ社からは、来春発売予定の機器用に6型を納期50日で発注していました。ところが、ちょうど3つの型が完成したところで、Ｇ社内の試作品を検討中に、信頼性の問題が見つかり、この製品は発売延期になりました。さらに検討を進める予定ですが、発売を中止にする可能性が大きくなっています。

緊急事態なので、Ｇ社では至急Ｅ社に連絡し、型製作の中止を指示し、「完成している型は検収に合格すれば引き取ります。他は不

要なので引き取りを遠慮したい。詳細については相談したい」と伝えました。

【E社の対応】 E社社長は急いでG社を訪れ、担当課長と相談しました。社長からの申入れ要旨は次のとおりです。

- これまでに半製品に費やした工数に対する支払いの要請
- 材料商社に支払った材料費の補償
- 完成した型は検収合否にかかわらず正規価格での買取り
- 半製品の型の引取り

　G社の担当課長は、発売延期でG社にも損害が出ていることで、E社からの申入れに対し躊躇がありましたが、結局は上司の部長に相談し、部長の判断で次のように決まりました。

- 完成品の型3つは検収合否にかかわらず正規価格で買い取る
- 半製品の型については工数・材料費に対する支払いをする
- E社は、半製品の型に対する見積もりを提出する
- 半製品もG社が引き取る
- 延期になった製品の生産が再開する場合に、G社が引き取った半製品が使えれば、G社からE社に引取り価格で有償支給する

　この件はこれでおさまりましたが、製品の発売中止は契約書の項目としては明記されていないため、「協議義務」（特段の定めのない事項について）の項目が適用されます。しかし実態は、双方の力関係によって損失全部が補てんされないことも発生します。したがって、**契約事項に「中止に関する項目」を入れるのは必須**です。

　今回は「E社が費やした工数、支払った材料費、完成型・半製品の型の引取り」しか協議されていませんが、これにかかったE社の間接費、E社が利益を得られたはずの機会損失などについても、どのように扱うか協議して契約書に入れておくべきです。

107

5-4 進捗管理のすすめ方と留意点

「進捗管理」の目的と問題点

「進捗管理」の目的が「**納期の維持**」であることは当然ですが、「**生産速度の維持**」も目的となります。生産速度が遅すぎると納期に影響しますし、早くできすぎても外注先か自社に仕掛り在庫が発生するという問題があります。

進捗管理の前提として、納期が明確に外注先に伝わっていなければなりません。間違いの起こりやすい口頭やメモ書きによる連絡ではなく、必ず作業指示書など正式な文書で外注先に伝えてください。伝達が正確になるだけではなく、責任の所在も明確になります。

図面の訂正や納期変更など緊急を要する場合には、電話で伝えた後に、間違いを避けるために必ず正式な文書を送って確認をとってください。

進捗確認ルールの設定

社内生産であれば、日々連続的に進捗を確認できますが、外注品では、あらかじめ決めておいた時点での進度チェックになります。

そこで外注品の場合には、チェック時点を納期の1週間前、3日前、あるいは万一忘れていても最速で製作すれば納期に間に合う時点、などに設定します。

これらの時点を**カムアップシステム**（チェックする日に進度箱にカードを差し立てておく方式）などで確認できるようにしておきます。最近は、このカムアップシステムを組み込んだソフトウェアもありますし、パソコン上の納期管理画面にチェック時点を表示することもできます。

納期遅れが生じたときの対策

進度チェックは、チェック時点での進遅判定になりますが、遅れていれば時間外での対処等の挽回策やスケジュール調整を行ないます。

結果的に納期遅れになったときに重要なのは、**納期遅れの原因を調査し、再発防止に努める**ことです。情報を明文化するためにも、外注先から「納期遅れ報告書」を提出してもらいます。また、交付する仕様書、図面、支給型・治工具・材料の遅れなど、自社側に納期を遅らせる原因をつくらないようにすることも大事です。

進捗管理の流れは次の図のとおりで、納期遅れの原因とその対策例については、次ページの表を参考にしてください。

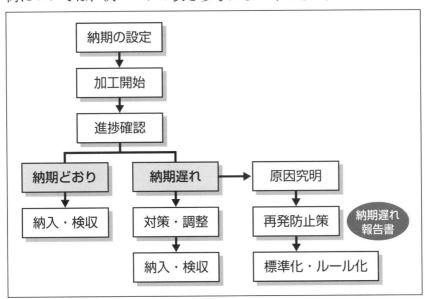

「納期遅れ報告書」の提出

生産は、社内製作・外注製作の部品・ユニットが有機的に連動しながら組立ラインに投入されていきます。調達には余裕をもたせていますが、ほとんどの企業は在庫を極力減らす体制をとっています。

◎納期遅れの原因とその対策◎

責任	遅れの原因例	対策例
自　社	納期が明確に伝達されていない	文書による指示と確認
	外注先への発注遅れ	社内ルールの徹底
	進捗確認の時期が不適切	確認時期の修正
	自社からの支給品の遅れ	支給品の早期調達
	途中で図面を訂正	緊急伝達と納期調整
	途中で数量を変更	緊急伝達と納期調整
	無理な日程の設定	標準納期の把握
	飛び込み発注	緊急伝達と納期調整
外注先	工数見積もりの誤り	見積標準の作成
	不良が発生	不良原因の究明
	機械能力の不足	機械能力の正確な把握
	機械が故障	事前保守の徹底
	社内の生産指示遅れや指示漏れ	社内ルールの徹底
	外注先持ち材料や部品手配遅れ	早期通知とチェックリスト
	作業者の出勤率の低下	健康維持やモラルアップ

　その状態で種々の原因があるとはいえ納期遅れが発生してしまうのも現実です。進捗管理の重要性は増すばかりです。

　納期遅れになった時の対処法として、外注先から「始末書」をとるところもありますが、外注先と一緒に遅れの原因を究明し、再発防止につなげることのほうが優先度は高いはずです。

　そのために重要なのが「納期遅れ報告書」です。納品遅れ報告書の記入事項の例は次のとおりです。

①社名、報告者名、承認者名

②報告日付

③オーダー番号、部品番号、加工工程

④指定納期、遅延後の納入予定日、遅れ日数（実働）

⑤遅れの状況、実施した挽回手段

⑥遅れの原因

⑦再発防止策、歯止め策

【事例】 K社は医療機器の中堅メーカーです。同社では新製品の切削加工部品約20点をL社に発注していました。納期の1週間前に行なった課内の確認作業の際に、部品1点が発注モレになっていることに気がつきました。コンピュータへの部品表取込み作業の際に入力モレになったことが原因です。

すぐにL社に連絡して追加発注し、特急で製作してもらいましたが、結局、他の部品より納入が1週間遅れ、部品集結に大きな影響が出てしまいました。

【K社の対応】 K社では、過去にも同様のチェックモレが発生していたので、これを契機に体制を変更することにしました。

部品表取込みは特にカギになるので担当者他1名がダブルチェックをすることにしました。また、これを教訓として進捗確認日の警告を出すシステムを導入しています。

段階	方　　法	担当
発注	ダブルチェック（部品表、工程表、外注リスト、支給型・治工具、支給材リスト）	担当者＋1名
受諾確認	注文書、注文請書、工程表、外注リスト突合せ	担当者
進捗確認	一般品は1週間前に。一括発注等納期が長いものは2週間前に中間確認したうえで1週間前に	担当者
遅れ対処	●挽回可能…時間外実施、作業者応援等の要請、分納 ●挽回不可能…優先順位づけ、社内取込み等	担当者課全体

5-5 受入れのしかたと不具合対策

受入業務の留意点

「受入業務」は、「受入」(受入・検品)と「検収」(検査・検収処理)に分かれます。

注意しなければならないのは、受入時点では納入された品物はまだ自社の所有物ではなく、**外注先に所有権がある**ということです。検収が終わって初めて自社の所有物となり、外注先に対する支払い義務が発生します。

つまり、受入時点では、まだ、その品物は「預かり品」の扱いになるので、数量に間違いなどがあると外注先とのトラブルのもとになりかねません。

そこで、受入時には次のことを確認します。
① **オーダー**…外注オーダーは注文書と違っていないか。
② **納期**…納期は期限どおりか。
③ **数量**…数量は注文書と違っていないか。

特に数量は、納期に間に合わせるために分納が行なわれることがよくあるので注意が必要です。

分納の場合は、残りの数量に対してオーダーに枝番を振るなどの処置が必要になります。

検収は、納入された品目を検

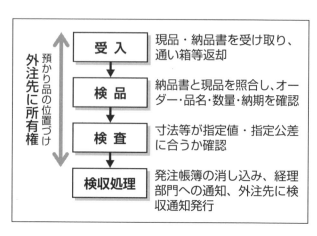

査・処理することで、検査は主に検査部門が担当します。受入可能となったものは代金支払いの対象となり、経理部門に伝票を送ります。また、同時に外注オーダーの終了処理と外注先への検収通知を行ないます。

不具合の発生と対処のしかた

検収時に発生する不具合は、「数量的問題」と「品質的問題」とに分かれます。

①**数量的問題**…欠品、数量過剰、異品混入

②**品質的問題**…不適合品（いわゆる不良品）

欠品が生じたら、原則として追加納入をしてもらいますが、数量的に余裕を見てあるときはオーダーを終了し、不足分は支払いを減額するという対処法もあります。

数量過剰が生じたら、過剰分を返却するのが原則です。外注先が引取りを放棄するということもありえますが、社内での数量管理、在庫管理での対処が必要になることを考慮のうえ、引き取るかどうかを決めます。

異品混入については、外注先の責任で選別してもらいます。

品質的問題については、受入検査時の抜取検査でロットアウトになるケースが多く見られます。これも外注先の責任で、全数検査・選別をしたうえで再納入してもらいます。ロット全数が不適合品であれば手直しをしてもらい、手直しができない場合は再製作をしてもらうことになります。

最善の策とされているのが「**管理検査**」です。

これは、外注先の品質レベルや検査レベルを高度に維持して、納入時に添付された検査成績表によって検収を行なうもので、形のうえでは受入れの際には無検査になりますが、自社では受入検査の手間が省け、外注先は品質管理レベルを常に高く保てるということで、両社ともにメリットの大きい方法です。

113

外注先の評価のしかた

従来からの取引先、新規取引先を問わず、外注先の評価は定期的に行なわなければなりません。企業は生き物とも考えられ、不断に状態が変化しているからです。

右の表は、外注先の「評価表」の例です。留意することは、できるだけ**数値で評価でき**るようにすることです。

たとえば、経営力ならば売上高対経常利益率の程度に従って評点

評価項目	評点	備　考
経営力		定性的・定量的
技術力		開発・生産・設備
品質		受入検査合格率
コスト		目標価格との乖離率
納期		納期対応力（率）
総合評価		

を与えるということが考えられます。自社でどれかの項目を重点的にみるという方針があれば、その項目に配点を多くするとよいでしょう。

評価結果については、基本的には**該当企業に開示**します。該当企業により高みをめざしてもらうことで、自社を取り巻く外注先企業群のレベルが向上することが期待できます。

【事例】中堅のマイクロモーターメーカーＹ社は、樹脂成形を行なっているＺ社に新製品用のＦＲＰ（繊維強化プラスチック）の枠体を外注していました。新製品は発売後順調に売り上げていましたが、半年ほどするとモーターが回転しなくなるというクレームが頻発するようになりました。

Ｙ社が調査した結果、Ｚ社に指示してあった成形後の**アニール工程**の条件をＺ社が設定ミスしていたことがわかり、枠体が経時的に変形を起こしたことが原因とわかりました。Ｙ社では、販売済みの新製品をすべて引き上げて修理することにしましたが、そのための

費用が約２億円になると見積もられています。この結果を受けてＹ社は、Ｚ社と事後処理に関する交渉に入りました。

　なお、熱を加えることによって樹脂や金属の残留応力を取り除く処理のことを「**アニール処理**」といいますが、正規に処理済みかどうかは、外観チェックでは見つけられません。

【Ｙ社の対応】納入された枠体は、受入時には寸法を満たしていたために、すべてが受入検査に合格し、検収を通っていました。ただし、アニール工程でのミスがあり、納入品には瑕疵があったことになります。

　そこでＹ社は、Ｚ社に対し次の要求をしました。

①正規品（アニールを施した良品）の再納入

②回収費用、再組立に要した費用の補填

③発売時期が遅れることに対する損害賠償

　これは、Ｙ社が回収にかかった費用のほぼ全額にあたり、実際問題として年商３億円程度のＺ社がこの要求を受け入れると経営が成り立ちません。結局、Ｚ社から申し出のあった次の条件で折り合うことにしました。

①正規品の再納入

②Ｚ社がすでに受け取った不良品代金の返済

③Ｚ社の品質標準・ＱＣ工程図の見直しと徹底化

④Ｙ社のＺ社に対する工程監査間隔を、従来の１年から当面の間、３か月にする

　Ｙ社は、これを前例として外注先との契約書に具体的なペナルティ要項を盛り込むとともに、試験装置を増強し、樹脂や半導体を対象とした信頼性試験を行なうことにしました。

　市場に出ると、回収費用は跳ね上がるので、社内にあるうちに問題をつぶせるように対策をとったわけです。

COLUMN

グリーン調達とＣＳＲ調達

　企業も市民社会の一員であり、単なる営利活動だけではなく、社会的責任を果たしながら活動することが求められています。

　このような動きのなかで、2001年4月には「国等による環境物品等の調達の推進等に関する法律」（グリーン購入法）が施行され、官公庁での「**グリーン調達**」が実施されるようになりました。

　グリーン調達とは、物品やサービスを調達する際に、省エネルギー型のものやリサイクル可能なものなど、環境に配慮したものを優先的に選択する調達のしかたです。

　2013年には、「環境配慮契約法」が制定され、国・地方公共団体等の公共機関が価格だけでなく環境性能を考慮した調達を行なうことが決まりました。

　このグリーン調達の動きは、民間企業にも波及して、大手企業では「グリーン調達方針」を設定し、「グリーン調達基準」を調達先に示して、その基準に沿うよう求めるようになりました。

　現在は、これをさらに進めて企業としての「**社会的責任**」（ＣＳＲ：Corporate Social Responsibility）を調達方針に盛り込む「**ＣＳＲ調達**」が多くの企業で打ち出されるようになりました。これにより、グリーン調達と同じように「ＣＳＲ調達方針」を設定し、「ＣＳＲ調達基準」を調達先に示して、その基準に沿うよう求めています。

　ＣＳＲ調達方針には、人権の尊重や労働環境の適正化、環境への配慮（CO_2排出量の削減、生物多様性の保全、資源保護、環境負荷の低減など）、地域社会への貢献、反腐敗（贈収賄の禁止など）、国内外法規制の遵守等が盛り込まれています。

6章

ＩＴによる生産管理システムの導入・運用ポイント

Production
Management

執筆 ◎ 神谷 俊彦

6-1 生産管理システム（ＩＴ化）の特徴

生産管理業務が製造業を支えている

生産管理は、受注・販売計画などをもとにして生産計画をつくり、必要なときに必要なものを手配・調達し、生産計画をスムーズに実現可能にする業務です。

この業務を最適に管理していくことが、企業のものづくりの根本を支えることになる重要な業務です。

コンピュータの活用は欠かせない

どんなに小さな企業でも、複数の製品をつくっています。複数の工程を抱えてほぼ毎日生産しているため、計画立案・部品発注・在庫管理などを手作業でこなすことは不可能です。

そこで、多くの企業がコンピュータを活用して業務管理をしています。

専用のソフトウェアは、生産管理システムやＭＲＰ（資材所要量計算）として知られています。

生産管理をコンピュータで行なうことは、計算機の進化とともに企業に広く採用されています。現在では、コンピュータの活用は、業務の効率化だけでなく、企業全体の最適経営に貢献することになり、生産管理の重要性を決定づけることになりました。

生産管理システムの重要性

「生産管理システム」は、もちろん業務管理として重要なのですが、販売・購買・研究開発などと一体型を形成することで、経営全体にリアルタイムで情報を提供し、素早く正確な経営判断につなげるツールともなっています。

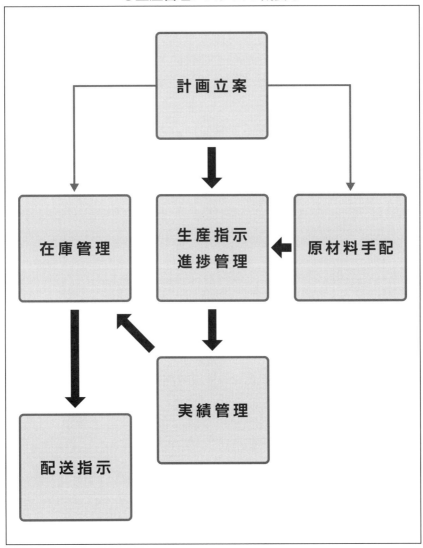

◎生産管理システムの概要◎

　生産管理システムの基本的な流れは、上図のとおりです。計画立案から生産した品物の配送指示までは、おおまかにいうとこのように流れているわけです。

生産管理と生産管理システムの関係

　生産管理システムが関与する部分をシンプルに表現すると、以下のようになります。

①営業などからの注文を受けて、受注情報を整理する
②製造に必要な部品の量を計算し、発注を実施する
③工場の生産計画を作成し、現場に製造指示を行なう
④できあがった製品の実績データをまとめてデータ化する
⑤注文書にもとづいて配送指示を行なう

　これが、管理システムが関与する生産管理業務の流れでもあります。

　生産管理システムは当然、生産管理の担うべき役割を果たす存在です。経営がコンピュータシステムに期待する点は、生産管理への期待と一致しているはずです。
　ところが昨今、ニュースになる生産管理のトラブルをみていると、違和感があります。
　たとえば、データ改ざんという問題が頻発していますが、生産管理システムはトラブルを未然に防ぐという使命を果たしていません。あるいは、もともと防止策として期待されていないようにも思います。
　生産管理という業務は、企業内部でどんどん重要になってくるので、生産管理システムは昔と変わらぬＭＲＰの役割を果たしているだけではいけません。その重責を果たせるシステムとならなければならないのです。
　生産管理システムは、時代とともに役割を変えていくので、その機能を見直さなくてはならないわけです。

◎生産管理用コンピュータシステムに期待される役割◎

生産管理システムの役割と機能

　生産管理システムが経営において期待される役割・機能は、コスト削減や業務の効率化という従来のものに加えて、次のような役割を果たすということになります。

> ①内部統制　②機密保持　③情報セキュリティ　　④安全
> ⑤環境　⑥品質管理　⑦コンプライアンス　など

　まるで経営責任と同じような項目が並びます。時代に求められるのは、多様な変化に機敏かつ柔軟に対応できるシステムであり、経営責任の広がりと同時に進化していく宿命を背負っています。

　一方において現場では、技術の進歩にもかかわらず、仕事をする人たちは業務が楽になった気がしませんし、事実としてトラブルは相変わらず起こっています。
　現場の問題を解決できないままで、経営責任を果たすなどというわけにもいきません。この6章では、現実問題に対する対応のしかたを主に解説することで、経営の基盤となるシステム構築の指針とします。

6-2 生産管理システム導入の課題と解決策

生産管理システム構築時の問題点

　生産管理システムの新規導入においては、従来のようにオリジナルで構築したり、パッケージソフトをカスタマイズする比率は下がり、クラウド型を選択するケースが多くなりました。

　しかし、導入のすすめ方や留意するポイントが大きく変わることはありません。

　生産管理システム構築のすすめ方は、次ページ図にあるように、導入の準備をして、ベンダーの能力や実績を検討したうえで、システムを構築して試運転→本稼働、という順序で行ないます。

　このすすめ方は、従来と変わらないように見えるのですが、実は現在でも、生産管理システムの運用上のトラブルの多くは、このシステム構築プロセスにあります。

　ソフトウェア開発は、緻密で複雑なプロセスで実行されるので、一度始まってしまうと、よほどのことがない限り後戻りはできません。万事、最初が肝心なのです。

　したがって、目的・目標をしっかりと社内で共有化し、費用対効果を明確にした、万全な体制づくりが何よりも重要視されます。

　次に、生産管理システムの難しいところは、作業が複数あり、それぞれの作業に企業特有のノウハウを反映しなくてはならないことです。

　そのため、データベース設計は特に重要で、BOM（部品表：Bill of Materials）がすべての業務の要になります。担当者は、この点を特にしっかりと把握して、システム構築に臨まなければなりません。

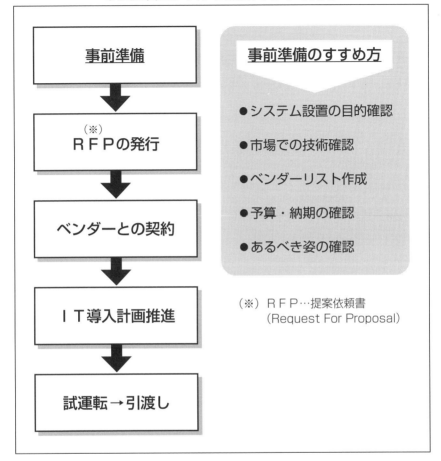

　発注者側において、特に事前準備は大変に重要です。
　自社内の現状課題（As If）を明確にして、解決策を整理した「あるべき姿」（To Be）をチームで共有化します。
　それに従って技術やベンダーの実力を確認し、納期や費用対効果を見定め、計画をスタートさせます。

なぜ問題が発生するのか

　生産管理システムの導入は、現在この時点でも多くの企業で進行

中です。古いシステムの全面更新、部分更新、大規模システムやクラウドシステムへの移行など、テーマもいろいろあります。

　そして、ほとんどの計画は無事に完了している一方で、現在でも**「動かないＩＴ」「システム構築に失敗」**などのレポートは多数報告されていて、失敗原因や解決策を本や雑誌で目にすることは珍しくありません。

　私自身が集めた失敗事例を調べても、これだけ技術が進歩している今日でさえ、内容は10年前と変わらない感すらあります。

　たとえば、発注はしたものの「現場の希望を全部入れたため予算を大幅に超過した」「現場の意見がなかなかまとまらず、納期が大幅に遅れた」のはソフトが動いているからまだしもとして、「効果が出なかったばかりか業務も回らないシステムができてしまい、しかも多額の費用も払うことになった」などは失敗事例の最たるものです。

　失敗の原因といえるものは１つではありませんが、多くの中小企業にみられる要因は、**システム導入をコントロールできる人材が不在**で、不慣れな担当者だけが奮闘している状態です。コンサルタントや専門家に依頼して、不足している能力を補うことは失敗のリスクを減らす重要なカギとなるでしょう。

どんな解決策があるか

　失敗に学ぶことは重要ですが、実はほとんどの企業は問題なく導入できています。

　実際に、クラウドを使った業務管理システムで数千万円規模のシステムを３か月で導入した中小企業もあります。社長自ら陣頭指揮をとって進めてきた事例ですが、利益も10％向上するなど結果も残しています。

　このような事例が中小企業でも多くなっています。ＩＴ導入による業務改善が、以前より短納期・低コストで実現できる可能性は高

◎成功するシステム導入のチームづくり◎

発注側リーダー	ベンダー側リーダー
●発注側のプロジェクト管理者 ●運用側の責任者	●プロジェクトマネージャー

くなっているのです。

　システム導入を成功させるためには、上図のチームづくりが欠かせません。図にあげた３人のキーマンのうち、１人でも成功体験者がいれば、ほかの２名の協力のもとに、スムーズにシステムを構築することができます。

　逆にいえば、３名全員が不慣れなときだけ失敗する可能性が高いということです。

　技術面でも、以前よりも情報は豊富に入手できるので、要件定義のミスが少なくなったことや、ソフトウェア技術の発達でカスタマイズをある程度許容できる構造になったことが、システム構築が成功しやすくなった要因としてあげられます。

6-3 「属人化問題」は解消できるか

つぎはぎシステムの悲劇

　生産管理システムを改造するときや、トラブルが起きたときに問題になるのが、「属人化問題」です。

　属人化問題とは、通常業務ではシステムが順調に動いていたので、気づいたときには、入力担当者以外は誰もその全容を理解している人がいなかった、ということです。

　システムを逐次増強していった「つぎはぎシステム」は、属人化になりやすいケースです。つまり、ソフトを改造する側も担当者しかできないし、操作する側も入力担当者しか業務内容はわからない、ということになります。

ベテラン担当者がいなくなったら…

　本書の「はじめに」でも示したように、生産管理業務は複雑で、どれだけお金をかけても完全自動化は困難であり、結局は担当者の力量で運用されています。

　優秀な担当者になれば、需要予測もしますし、製造現場の能力も熟知して、しっかりと計画を立てて原材料を手配します。コンピュータが苦手とする計画変更の対応なども、手計算などで楽々とこなしている人は珍しくありません。いまでも、ほとんどの事業所はこの状態で日々の生産活動が流れています。

　どんな職場でも同じことがいえますが、このようなときに急にベテラン担当者がいなくなったら、大混乱に陥るであろうというのは容易に想像がつきます。人材の配置転換や業務内容の文書化は、部門の責任者が計画的に実現させておかないといけません。問題が発生してからではどうしようもないからです。

126

誰も仕事を理解できない

　誰しもが、業務の属人化はよくないということは理解できていますが、実例から教訓を引き出さないと、「仕事の見える化」は理屈だけでは進んでいきません。

　生産管理業務のトラブルで一番避けたいことは何か、ということを明確にして、リスクを検証すれば解決策はでてくるはずです。

【事例】

　製造会社Ａ社で、大幅な納期遅れが発生しました。原因は、原材料の発注ミスでした。材料を間違えて大量発注したのに、納入まで気がつかなかったのです。

　なぜ間違えたかという問題はありますが、上司も伝票承認時では気がつかず、システムは警告機能を持っていませんから、いったん間違えると納入されるまで誰も気づきませんでした。

【問題点】

　ほとんどの会社が在庫を極力減らして生産していますから、一つの部品が入ってこないだけで、すべての生産が止まってしまいます。

　一つの会社のラインが止まるだけならまだしも、サプライチェーンが形成されているので、次々に川下企業が影響を受けることになります。大地震発生のたびに、サプライチェーンが崩れている現実をみても理解できるはずです。

　たった１回の発注ミスが、自工場の停止だけでなく、信用の失墜、賠償責任などが重なる大きな問題に発展するのは珍しいことではありません。**ほとんどの会社がこれと似たようなトラブルを経験している**のです。

127

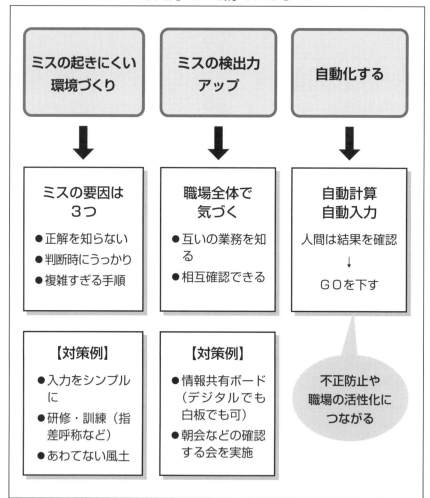

入力ミス（ヒューマンエラー）の防止

　属人化をめぐる問題は、前述したように、金額的な損失の発生だけでなく、業務効率化の推進やシステム更新時の仕様作成の業務にも支障が出ます。

　人為的なミスなので、計算機システムを変更するだけでは解決策

にならないのは明白ですが、入力に関するミス防止はソフトウェア
による工夫で低減できます。

前提としては、業務をまず「見える化」することです。その担当
者を交えて職場全体で**業務フローを書き出して**おかないと、解決の
糸口は見つかりません。

入力ミスの防止は、多くの企業でさまざまな防止策を実施してい
るはずですから、業務を「見える化」しておけば、適切な策は見つ
かるでしょう。何よりも、現在の担当者にも多くの気づきがあるは
ずです。

単純ミス防止策の基本は、「**ダブルチェック**」です。一つのこと
を２人で行なうことで、いわゆるポカミスはほぼなくなります。

ただし、いちいちダブルチェックはできませんから、どのタイミ
ングでチェックを入れるのかについて、業務フロー上で適切なゲー
トを設ける必要があります。

ダブルチェックができないときは、自動計算をして担当者が承認
するというように**機械化する**ことです。

入力した数字などを音声が読み上げて再確認することもできます。
アナログ的解決策ですが、画面に向かって「**入力ヨシ！**」と指差呼
称するだけでも効果があります。

データ改ざんの防止策でも、自動計算・自動入力は対策の一つと
して採用されています。

ＩＴ活用が進むと、**小さなミスが大きな損害を引き起こす**事例が
多くなります。ヒューマンエラーの防止は、ＩＴ化にとって大きな
課題ではありますが、属人化防止を進めるいい機会となるでしょう。

6-4 管理システムの課題と 情報のリアルタイム性

担当者はどこに問題を感じているか

　システムの課題について現場の担当者に聞くと、多くの不満をもっているのが、「**入力のしづらさ**」と「**レスポンスの悪さ**」です。

　この問題は、マンマシンインターフェース設計とデータベース設計に起因することが多く、設計時点で解消しておかなければなりません。

　設計に起因する問題の解消にはお金も時間もかかるので、担当者は不満があってもあきらめてしまい、問題を長く引きずる傾向があります。

　しかし問題の核心は、担当者の作業性の問題やインプットの正確性が損なわれていることではなく、**情報システムを使う目的を達成できないこと**です。

　業務の効率化のカギは「**情報の共有化**」です。情報システムは、効率アップの目的で導入されていて、全体最適を狙っています。現場の業務を効率化するためには、現場の情報を共有化することで最大の効果を生み出します。

　情報共有化をシステムで達成するには、**情報を一元管理**しなければなりません。しかも、共有化する情報は最新のデータが望ましいのです。それを「**リアルタイム性の要求**」といいます。

　製造現場は、いい製品をつくるという同じ目的で仕事をしている集団です。

　工場が大きくても、生産指示、部品在庫、進捗情報、品質情報が共有化できれば、だまっていても業務効率化は進むのです。

130

情報伝達の効率化

　情報の共有化を高めるためには、「情報伝達の効率化」を進めることがカギとなります。現場のなかに、パソコンやプリンター、大型ディスプレイ、電子白板などを設置しているのは、情報伝達のために当たり前となっています。

　しかしながら、これらのツールがどうも有効に使われているとはいい難い事例も数多くあります。

　そういう職場で活躍しているのは「紙」であろうと推察できます。指示書、作業記録、品質記録、業務マニュアルなどの「紙情報」は、現場でさまざまな用途があり、当たり前のように活躍しています。

　紙を使う理由は、情報システムの欠陥を補うためだけではありません。作業のルールや証拠記録として必要であるとか、現場の事情でパソコンなどが設置できないなどという理由もあります。

　しかし、強い意思にもとづいて紙をなくした業務体系をつくらない限り、コンピュータシステムの最大のメリットを追求することはできません。

> ペーパーレス推進のため、情報の伝達や会議などで紙を使わないこと！

> 昔から「紙削減＝コスト削減」といわれています。でも…
> 日本では、なかなか進んでいませんね。

タブレット型端末の活用と留意点

　昔から小型端末を使った業務管理システムはありますが、タブレット型端末の出現から現場への浸透が進んでいます。

　小型端末の機能では、作業員1人ひとりが作業指示などのフレッシュな情報を取り出しにくく、現場改善は進まなかったということが考えられます。

　現在では、タブレット型端末を活用して、作業形態にふさわしい業務体系やデータベースを構築することが、システム構築の重要なテーマとなっています。

情報データの一元化は簡単ではない

　「現場情報の共有化のためには情報データの一元化が必要である」と簡単にいいますが、実現することは簡単ではありません。

　というのは、部門内の情報だけを共有化すればいいのであるならばまだ取り組みやすいのですが、部品データや在庫データなどの部外データを利用するケースが多々発生します。

　範囲が広がり、関係するデータが増えると、データベースの構造やデータ形式を全社で統一しなければなりません。この改造の費用対効果を考えると、会社としてシステムの全面更新に簡単にゴーをかけることはできないでしょう。

　将来のことを考えると、ＡＩやＩｏＴなどの技術が現場に入ってくるのは明白です。

　ＡＩ化で現場に作業者がいなくなって、ロボットが生産している時代がきたとしても、情報共有が不要になることにはならないでしょう。したがって、いまから少しずつでも、計画的にシステムを構築していかなければなりません。

◎業務効率化のすすめ方の例◎

業務の効率化は
どうやって達成する？

タブレット端末の供給

打ち合せも作業指示も、
何もかもが全部
ペーパーレス化

100人の会社で、年間の用紙代300万円が100万円になったという報告もある！

情報の共有化の推進

フレッシュな情報が
獲得できる
データの一元化必要
ＢＯＭ(部品表)

企業内外でばらばらな業務管理システムを単一のデータベースにつなぐということ

そもそもＩＴ化はペーパーレスのためにある

わかってはいるけど、ＩＴへの不信感も根強い

ペーパーレス化のメリットは、
「CO_2削減」「不正防止」「電気代削減」「スペース減」など
費用対効果も計算し理解してもらいましょう！

ペーパーレスとデータ形式の統一

　業務の効率化に「ペーパーレス化」が叫ばれて久しいですが、技術が後押しをしないと無理なのは明らかです。
　業務の効率化のすすめ方を例示すると、上図のとおりです。

6-5 その他の問題とITの新しい流れ

生産管理システムの課題とは

この章では、生産管理システムを現場で活用する際の主要な課題として、6-2項では「導入時の留意点」を、6-3項では「業務フローの見える化」を、6-4項では「情報の共有化」を、それぞれ取り上げてきました。

もちろん、個々の企業特有の課題がほかにあるものの、この3点を推進することで、生産性向上や損失のリスクを減少させることは必ず進むはずです。

日本では、生産管理ソフトを提供する会社が増えてきており、技術水準も大きく向上しています。カタログ上で各ソフトの基本性能を見ても、差別化できる部分は少なくなってきました。

導入費用においても、クラウド利用でカスタマイズしなければ月額数千円で導入することも可能です。

このように、生産管理システムの導入や改善にかかる費用は大きく下がってきており、中小企業にも手が届くはずですが、利用数のデータを見ると、クラウドの普及はまだ進んでいません。

クラウド利用のメリットはわかっていても、なかなか進まない理由としては次のようなことが考えられます。

①ITを進めていく人材不足
②効果に疑問がある→いまのままでも安心
③情報セキュリティやシステムの安全性に不安がある
④他に優先すべき課題がいっぱいある
　　　　→IT化は費用であって、投資とは見ていない

セキュリティ問題に対処しよう

ＩＴ化で近年、急速に注意が必要になっているのは「ＩＴセキュリティ」の問題です。

ＩｏＴを導入するまでもなく、生産管理システムはインターネットやイントラネットにつながっているのが普通です。そのせいか、情報セキュリティへの備えは大事であると騒がれているにもかかわらず、新型ウイルスが出るたびに脆弱箇所が狙われ、工場の操業が停止する事例がいくつも報告されています。

データをシームレスに連携させようと唱えていながら、そのことがセキュリティ対策を難しくしているのです。情報連携と矛盾するようですが、**ウイルスへの備えは必須事項**です。

ウイルスに備えるためには、いくつもやり方があるのですが、**必ずウイルス対策ソフトウェアを使用して、ＯＳも常にアップデートしておくことは最低限の対策**です。

できれば、専門家に診断してもらい、必要な措置を講じておくことは、自社を守るだけでなく、取引先や顧客など関係企業も守ることにつながります。

◎セキュリティ問題の考え方◎

| インターネットにつなぐから
情報セキュリティ問題が起こるのか？ | → そのとおり！ |

| しかし、インターネットにつながなくても問題が生じる可能性はある。どこにも安全システムは存在しない。 |

| 「どうやったらリスク低減できるのか」だけを考える |

IoT時代の生産管理システムとは

「IoT」（Internet of Things）を活用した生産システムが急速に現実味を帯びてきています。インダストリー4.0の普及とともに、IoTによる生産管理システムは、実現に向けて確実に進展しています。

生産管理システムは、生産方式が変われば当然に追従していかなければなりません。生産管理システムも、未来を見すえて変化する時代なのです。

現在考えられているIoTによる生産管理システムは、工場の生産ラインにある設備や機械などにセンサーを取り付け、稼働状況を人工知能（AI）やビッグデータの解析技術を使って分析し、そのデータを工場の最適生産に活用する、というものです。

また、ロボットに直接、指令を与えるなど、人間の介在なしにアクションを起こすとか、製品の異常を早期に発見してトラブルを未然に防止するなど、IoTを活用するアイデアは無数に出ている状態です。

日本の製造業の生産性は、この20年間で国際順位を下げているのに、欧米の競争力は下がっていません。

その原動力の一つは、先行する**工場のIT化**であるといわれています。日本のものづくりを向上させるには、いまだに強い日本の現場力を信じ、未来のためのIT投資を進めることです。

AI・IoT時代の生産管理システム

AIおよびIoT時代の生産管理システムとは、簡単にいえば、次ページ図のとおりです。

「⓪本部指令」「①データ収集」「②解析」「③指令」「④アクション」というAI・IoTスキームになります。

◎ＩｏＴ時代の生産管理システム◎

```
        ◎
   本部や営業などの指令
     最適生産の指令
```

ネットワーク回線

```
   ①                    ②
情報の収集            ビッグデータの解析
（ＩｏＴセンサー）        ＡＩ解析


   ④                    ③
現場でのアクション        現場への最適情報を
（ロボットへの命令など）      フィードバック
```

　③の部分には、企業特有の「コスト優先」「納期優先」「リスク制限あり・なし」のアルゴリズムが入ります。ここを克服した企業が競争優位性を獲得するでしょう。

COLUMN

工場のさまざまなデータで機械学習を

近年、工場で簡単に安く使えるＩｏＴツールやそれらを組み合わせたシステムが販売されるようになりました。

「生産現場のデータを上げる → データをためる → データを分析する → データを活かす」という作業を機械に任せて、生産設備の保全に役立てようという動きが進んでいます。

人のアクセスが難しい設備や工程から、電圧や温度、圧力、加速度などさまざまなセンサーから大量のデータを収集できるようになりました。

そして、こうしたデータを積み上げて、機械学習に展開できるようにする技術が注目されています。データを収集分析して、設備の故障を事前に察知し、効果的な予防保全や設備稼働率の向上、修理部品在庫の適正化を図ることをめざしています。

機械学習のデータを処理する方法は、人間の脳神経の構造や機能をまねた「ニューラル・ネットワーク」という計算モデルを使います。

これは、概念的には「入力層」「中間層」「出力層」と多層化させて、上の層のデータに重みづけしたパラメータを作用させる計算で出力を求めます。

学習の方法は、入力するデータとともに正解を与える「教師あり学習」と、データだけを与えて正解は与えない「教師なし学習」とがあります。

意外な答えがほしいときにも、コンピュータ学習でそれが得られるのは面白いですね。

7章

品質管理のすすめ方とクレーム対応のしかた

Production
Management

執筆 ◎ 神谷 俊彦

7-1 品質管理とはどんな業務か

複雑化する品質管理の仕事

「**品質管理**」の仕事は、生産管理のなかでも重要な位置を占めます。それは、品質管理の業務が年々複雑化して、企業に与える影響が大きくなったからです。

「**品質保証**」という似た言葉もありますが、企業によっては、必ずしも品質保証と品質管理を分けて考えてはいません。

品質保証は、出荷される製品や部品が「決められた品質」であるかどうかを確かめる仕事であり、品質管理は、それを実行する仕事ととらえていることが多いようです。広い意味で、企業全体の品質を保証していくしくみを品質管理という場合もあります。この本では、品質管理は生産現場での活動を指すこととします。

企業の顔となる品質管理業務

品質管理の役割は、製品が完成した後に品質検査をするという内向的なものです。もともとは、不良品が出ないように努め、不良品が出たときは再発を防止し、完成した製品をよりよくするために常に改善するという仕事でした。

しかし現在は、①不良品を出さないしくみを考える全社的な活動への参画、②製造部門だけではなく製品を開発する段階から品質を保証する、③顧客からの品質クレームに直接対応して再発防止策を約束する、④ISOの外部監査にも対応する、など外部とのコミュニケーションを主導するところまで現場の役割は広がっています。

そのために、お客様のところへも出向くなど社外とのコミュニケーションを絶やさないところが、ほかの生産管理業務とはちがう品質管理業務の特徴的なところです。

140

品質管理の業務の流れ

　品質管理の現場業務は、「検査」「管理」「改善」という3つのジャンルに分けられます。

　「**検査業務**」は、製品の性質を理解して、科学的にも感覚的にも性能を確認しなければなりません。

　「**管理業務**」では、社内外とのコミュニケーションをとるために調整能力や交渉能力などのスキルをもつ必要があります。

　「**改善業務**」では、新しいしくみを構築していく実行力が必要です。

　あまり周囲から理解されていないようですが、品質管理業務は、このように多彩な能力を必要とする専門職なのです。

7-2 品質管理に関する歴史をみておこう

品質管理はどのように発展してきたか

　現在、日本製品は世界において高品質である地位を誇っています。
　日本製品のクオリティの高さは、縄文式土器に始まり、ずっと世界のトップレベルにあるともいわれています。しかし通常は、デミング博士の来日を契機に、品質管理に科学的管理法を導入開始した1950年から国をあげての高まりが始まっていると考えます。

◎品質管理に関する歴史上の出来事◎

	日本での出来事	特　徴
1950年代	デミング賞創設	
1960年代	統計的手法の定着	QCサークル誕生
1970年代	日本の品質は世界的レベルに到達	「改善」など日本型の品質保証活動
1980年代	全社的動きを担保するTQC活動の活発化	ＩＳＯ9000登場
1990年代	ＩＳＯの普及が加速し、認証企業が多数誕生	統合管理型品質管理活動（TQM）の提唱
2000年代	グローバル化とセクター規格が普及	自動車・航空機など産業別のセクター規格
2010年代	顧客満足やリスク管理を品質管理の対象に	リスク管理を入れてＩＳＯを改訂
現　在	大企業の不祥事が目立つ	現在の品質管理体制に警鐘を鳴らしている

142

高品質を誇るメイド・イン・ジャパン

　歴史的な流れでいくと、1950年代の黎明期から1980年代のバブル期まで日本型の品質管理活動は盛んであり、現場の力で品質を向上させる活動が各地で盛り上がっていました。まさに、ボトムアップの力をいかんなく発揮して、この時期に「**日本製品＝高品質**」という認識もできあがったといえます。

　それからＩＳＯ9000が登場して、日本企業も経営全体のなかでの品質管理のしくみに注目して活動していきます。ＩＳＯのコンセプトは、多くの日本企業にも受け入れられて瞬く間に拡散しました。

　ほぼ同時期に、ものづくりが海外に移るようになって、生産現場は日本国内から中国などの海外に増えていきます。海外企業が、生産効率面や品質面で力をつけてくるのは、日本企業のノウハウが海外に移転したことも関係しています。

　現在に至るまで、ＩＳＯ9000は何回か改訂を重ねて進化し、全業種に適用される普遍的な構造を強化してきました。一方で、ＩＳＯの枠組みだけでは業界業種特有のニーズをカバーしきれないため、**業界別のセクター規格**が広がってきます。

　このように、現場の業務も多様化して、品質基準も高度化し、高品質の製品提供に貢献してきた一方で、品質にかかわる大きなトラブルも起こるようになったのが最近の状況です。この課題については７－５項で解説します。

　品質管理という仕事は、現在抱える問題を解決しながらも、未来に向けて検査技術を進化させ、人材育成などの課題も達成していく時代となっています。

　この章では、現場にどのような問題が発生して、どのように解決してきているのか、また、未来に向けて歩んでいくべき課題をどのように進めていくのかについて解説していきたいと思います。

7-3 QC工程図の活用と問題点

QC工程図はなぜ必要か？

品質管理の各業務のなかで、特に力を入れなくてはならない項目は、「QC工程図」（「QC工程表」とも表現されます）の作成と運用です。

品質管理を実施している製造業で、QC工程図を作成していない企業はないと思いますが、品質管理手法を取り入れている他業種（たとえばサービス業など）では作成していない会社も少なくありません。

日本企業のサービスの品質は、世界的にも高水準にあると思いますが、マニュアルがあるだけで管理や検査基準を設けていないサービスについてはレベルが高いとはいえません。

QC工程図の内容を説明する前に、まずはQC工程図がなぜ必要なのかを確認しておきましょう。これは、多くのテキストや解説書にも掲載されていますが、大きくいって以下の3つがその理由です。

---

①共有化の資料

品質管理の方法を明確にすることで部内・社内の情報共有化を進めます。本来は、この「見える化」が主目的です。

②顧客への説明資料

自社の工程や品質管理の方法を外部に説明するために作成します。顧客に対する説明責任を果たすということです。

③教育資料

新人の教育資料として使用します。

144

これだけの目的を見れば、ＱＣ工程図がいかに重要かいうことを理解していただけるはずなのですが、いまの製造現場では上記の目的を知らされていないため、有効に活用されていない事例をよく見かけます。

ＱＣ工程図にかかわる問題点

　「ＱＣ工程図は製品の品質を左右するものである」というと、読者の方には２つの反応があると思います。

　「当たり前のことをなぜいまさら」と感じる人と、「ＱＣ工程図は何の役にも立たないものだ」と感じている人の２タイプです。

　後者のタイプは、当たり前に感じて使いこなしている企業には理解しがたいかもしれませんが、ＱＣ工程図が役に立たないというよりも、**実務には使わない**ものと考えているということです。これは問題です。

　そして、もう一つの問題は、**ＱＣ工程図が正確に作成されていない**ということです。

　ＱＣ工程図は、業界のなかで統一的に決められたルールがある場合もありますが、日本や世界の全体としては統一的なフォーマットはないので、どのように表現しようと自由です。しかし通常は、ＪＩＳ記号などを使用する一定のルールは存在します。

　多くの企業が、顧客からの要請でＱＣ工程図を作成します。「受注するときに必要だから」という受け身の理由で作成されることは、よく見かけられる事例です。**お客様に見られることがＱＣ工程図の役目**ですから、ルールを自覚することは重要です。

　受け身で作成するＱＣ工程図は、作業長や現場リーダーにとっては飾りであることが多く、現場は工程図とは関係なく毎日作業をし、改善が行なわれているのです。

　役割を無視してつくられたＱＣ工程図は、本来の目的がまっとうできないだけなく、改善活動も形骸化していきます。

145

QC工程図のしくみを理解しておこう

　QC工程図における不具合はいろいろありますが、典型的な事例を紹介しておきましょう。最初に意識してほしいのは、作業の始まりと終わりをしっかりと記述することです。

【事例】
　下図のような加工工程がありました。

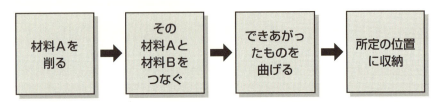

　この図のままQC工程図を書いているケースが多くあります。
　ベテランの作業者は、過去にこの内容で作業を教わっているので、この工程図がなくても作業準備や検査はできます。しかし、新人に伝えるためには、これでは不十分です。検査基準がどうなっているのか、わかりません。

【チェックポイント】
　品質改善や作業改善のためには、段取りの記述が重要です。以下のように書くだけで、指導時間を少なくしてミスも減ります

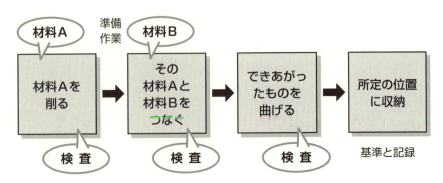

QC工程図の作成ポイント

これからQC工程図を書こうという人のために簡単なポイント講座に触れておきましょう。

QC工程図は、いまやインターネットで探すと、たくさんのフォーマットが見つかるので、そのなかから自社に合うものを見つけて活用すれば大丈夫です。もし、顧客から工程図を見せるように依頼されたときは、顧客のフォーマットを教えてもらってそれに記入するのも一つの方法です。

多くのフォーマットは、以下のようになっています。

【事例】（製品名Ａ：工程Ｂ）

工程の流れ工程名		管理項目	検査	管理検査基準	記録
受入	□	寸法	ＪＩＳ	ものさしＡ標準書	記録表
穴あけ	○	ドリル径	指示書	Ｘ回転表示値	チェック表
検査	◇	寸法	指示書	ノギス	記録表
保管	▽	受渡台			

【作成ポイント】

- **１つの製品**の原材料の準備から完成品の出荷までを記載し、工程フローを順番どおりに明記します。
- 工程記号（○や△など）は正しいルールで記入します。
- 仕事の出来栄えを確認するわけですが、**どこをどうやって何にもとづいてチェックするのか**が重要です。
- 作業が開始する条件（材料が整う、作業指示書など）と、終了する条件（次の工程に引き渡すなど）を明記します。

単純な工程でも初めて作成するときには悩むはずです。仲間と一緒に相談（共有）しながら完成させていきましょう。

147

7-4 上手なクレーム対応のしかた

クレーム対応と品質管理

　企業には、製品に関するさまざまな問い合わせがきますが、品質管理部門にとって重要なのは**クレーム対応**です。

　クレームを受けること自体は通常、専門の部署が行ないます。対応マニュアルが準備されており、専門部署はそれに従って処理します。

　ただし、クレームには技術や性能に関する問題が含まれることがあり、この対応は、品質管理の仕事になることが多いです。また、生産管理部門が営業などから直接、問い合わせを受けることもあります。

　クレーム対応は、ふつうは下図のように進めていくはずです。

　ポイントは、「問題を整理する」ことと「再発防止策」の2つです。

①問題整理

　クレームの場合、問題点そのものがよくわからないことや実際には事実誤認していることがよくあり、クレームに対しすぐに反応行動する前に、事実が何かを把握する力量が必要です。

②再発防止策

　顧客からのクレームに対し、品質保証体制のどこに不備があったのかを明確にし、その不備を解消すべく計画を立てて確認し、その

結果をチェックして、会社を代表して回答します。再発防止策のなかに、現場の変革を伴うような策も織り込むように心がければ、クレームを受けた意味が一層生きてきます。

クレーム対応に必要な能力

クレーム対応の流れは、前ページ図のように単純ですが、やらなければならないことはたくさんありますし、企業を代表して回答するので、社内の調整にも時間を取られます。

クレーム対応するには、技術面の洞察力や、コミュニケーション能力、交渉力などが必要で、クレーム処理を間違えたために大きな問題（損害賠償金の支払いや信用の低下）になった経験はどの企業にもあるでしょう。

クレーム処理に慣れることはあっても、得意だとか好きだとかいう人は少ないでしょうが、この仕事ができれば担当者は一人前になったといえます。

失敗事例や過去の事例に学ぼう

クレーム対応の不備による典型的なトラブル事例を見てみると、下図の3つのパターンが考えられます。

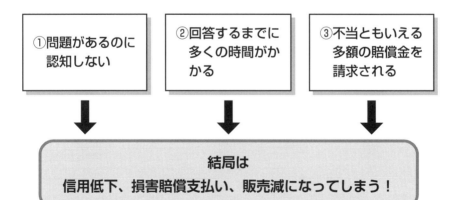

この3つのパターンをより具体的に説明すると、次のとおりです。

①自社の問題かどうかを社内各部署で共有せずに、担当部署で握り
つぶすケースがあります。その場合、いずれ被害が広がり、大き
な損失を被ることになります。
②日本の会社ではよくあるケースです。事実を確認することにこだ
わりすぎて対策が後手に回り、相手の心象を悪くして賠償額が増
加したりします。
③口約束だけですぐに謝罪行動に出てしまい、自社の不利になる終
結を迎えます。さらに、裁判になると敗訴して賠償額が増加する
こともあります。

　対応を間違えたために、大きな問題になった事例は数多く存在し
ます。大企業なら組織対応が明確で、複数の担当者もいますが、中
小企業の場合は、一般人からのクレームも多く、詐欺やいたずらの
標的になるケースもあるので、**対応マニュアルの整備は必須**です。
　もちろん、年々新しい事例も出てくるので、絶えず対応マニュア
ルの見直しもしなければなりません。商品へのゴキブリ混入事件な
ど、公表されている過去の模範的な事例に学ぶことも必要です。
　結局は、前ページ図の①〜③を見れば、打つべき対策は明らかだ
と思いますが、何事も備えあれば憂いなし、相談できる弁護士など
とのネットワークを社内外に構築しておくことも必要でしょう。
　そのうえで担当者は、以下の社内体制をしっかりと構築しておき
ます。

①**体制の明確化**……窓口の一元化
②**情報の共有化**……情報は１人で抱え込まない
③**スピード対応**……経営陣との連携も、いち早く
④**分析力・技術力**…情報分析や技術的解析体制を整備
⑤**データの蓄積**……生産データは常に取り出せるように
⑥**現場革新**…………現場を革新しないと絶対に再発する

◎クレーム対応に関する業務と心がまえ◎

窓口業務	原因追及	改善業務
●窓口は一本化 ●情報は即座に共有 ●原因追究を指示 ●対応する約束を宣言 ●進捗の確認 ●最終回答の実施	●問題の絞込み ●製造データ、出荷データの確認 ●初期対応に注意し、再発防止策をまとめる	●クレーム品の処置や処理 ●再発防止策として工程改善の実施 ●マニュアルの改定 ●現場教育

心がまえ

●不満や問題があってもクレームを伝えてくれる人は多くない
　→ クレームは**貴重な意見**と心得る

●クレームを言ってくる人は、よくなってほしいと考える人が多い → **製品やサービスに好意的なスタンスあり**と心得る

●うまく対応するとリピーターになってもらえる可能性が大
　→ クレームしてくる人は**重要顧客**と心得る

　特に、**クレームを契機とした現場革新ができるかどうかが重要**です。

　現場の革新とは、たとえば、ＩＴの導入で人の管理レベルを上げる、新しい基準を設けて品質管理の高度化を図る、新しい装置や設備を導入して精度面でレベルを上げる、などです。

　クレーム対応の社内窓口を一本化したうえで、原則として**思惑を入れずに、ただちに情報を関係者で共有化する**ことも大切です。

151

7-5 ＩＳＯに関する事務局の業務

「品質ＩＳＯ」を維持するには

品質管理部門の担当者は、ＩＳＯ9000（以下「**品質ＩＳＯ**」と略します）などの認証に携わっているケースが多くあります。品質ＩＳＯは維持していかなければなりませんが、それに関係する仕事には以下の３つがあります。

①**ＰＤＣＡ**…部門のＰＤＣＡサイクル（Plan – Do – Check – Act）が回るようにリードする
②**監査**…内部監査や外部監査の実行責任者となる
③**人材育成**…品質ＩＳＯに携わる人材の教育・育成を担当

上記は簡単にまとめていますが、実際の業務は、複雑な規約にしばられて、社内外の関連部門を動かしたり調整したりするため、相当な力量がないとこなせない業務です。

品質管理の仕事は、品質管理の人にしか共感してもらえない部分が多々存在しますが、特に、この品質ＩＳＯに関する仕事の困難さは体験した人にしか理解できませんし、体験して初めて品質管理の深みがわかるはずです。

なぜ「品質ＩＳＯ」を取得するのか

そもそも、「なぜ品質ＩＳＯを取得するのか」という理由を知っておかないと、現場の人たちからの共感も得られません。共感を得られないと、業務を調整しようとしても、うまく進まないことがよくあるのです。

品質ＩＳＯを取得する理由についてまとめておくと、次のとおりです。

①**説明責任**…社内外に品質管理の実行力を示すことができる
②**問題点の発掘**…管理上の問題点を明確にできる
③**継続的改善**…定期的監査の実施で継続的に改善することができる
④**受注の条件**…顧客からの受注条件になっていることが多い

日本中が揺れた品質管理の問題

品質ＩＳＯは、2017年後半に発生した「大手企業のデータ改ざん」などに代表される不適切な管理問題で大いに揺れています。

特に、中小企業のなかには、大手企業による指示で多額の費用をかけて認証を取得した企業もあり、多くのものづくり現場で戸惑いや混乱の声があがっています。

品質ＩＳＯの認証を取り消された事実に対し、興味をひかれる現場の本音も聞こえてきます。その本音とは、大別して次の２つの問題提起となって現われています。

①**品質ＩＳＯそのものに意味がない**…監査のときだけ書類をそろえて審査を通過させているだけで、こんなことで品質が上がるとは思えない。
②**品質ＩＳＯは現場の負担に見合った効果がない**…品質ＩＳＯにどんなメリットがあるかわからないのに、お金と時間をかけている現場の状況が会社には見えていない。

実は、このような声があがるのは昨日今日の話ではなく、何年も前から言われ続けているのです。時には、部門長までが同じようなことを発言している現場もあるようです。

たしかに、「不適正な管理を見抜けないような品質ＩＳＯに、どのような意味があるのか」という見方をされるのは理解できます。いま、品質ＩＳＯが曲がり角にきている現実が浮かび上がっています。

しかし、多額のお金をかけているのにメリットが見えないという制度を長年継続していることも、とても不思議な話です。

企業の体質を変えられなかった品質ＩＳＯ

これらの問題提起は、ＩＳＯに問題があるわけではなく、ＩＳＯを取得した企業の体制に問題があります。

不正を行なうつもりでデータを隠蔽されたら、どんなシステムでも成立しません。

さらにいえば、品質ＩＳＯの考え方は、「**いい製品はいいしくみから生まれる**」というところから始まっており、企業の品質管理のしくみを第三者が監査するシステムです。「いいしくみ＝いい製品」を意味してはいません。

にもかかわらず、かなりの企業が「品質ＩＳＯという品質向上手段」→「ＩＳＯを維持さえすればいい」という目標に変わってしまったように思われます。残念なことに、人材豊富なはずの大手企業でさえ品質管理が形骸化している実態が明らかになりました。

内部監査の改善を検討しよう

品質ＩＳＯを正しく運用しても、必ずしも不正が見つかるわけではありませんが、本来は、内部監査で見つけなくてはなりません。

外部監査は通常、内部監査が適切に行なわれているかどうかをチェックする役割なので、内部不正が見つかる確率は低いのです。しかし内部監査は、「規定どおりに社内業務が実行されているかどうか」を他部門の人がチェックするので、データの改ざんや無資格作業者の実態などは、現場の質疑応答でわかるはずです。

ただし、頻発した事件から鑑みると、ＩＳＯの普及に伴って内部

154

に人を育てることなく、外部監査のみに依存する傾向が強くなっているのかもしれません。システムは、それを支える内部の人がいてこそ成り立つということです。

未来志向の品質管理とは

　ＩＳＯの性格上、品質ＩＳＯを取得している企業がつくる製品が必ずしも高い品質を持つわけではないといいましたが、たとえば自動車や航空機などさまざまな業界では、その対策として特有の品質基準（**セクター規格**）を策定しています。

　それらは、品質ＩＳＯの精神を踏襲しながらも、品質ＩＳＯがカバーできない部分を補うように策定されています。企業には、品質ＩＳＯがすべてではなく、品質向上にむけたプラス努力が必要ということです。

　したがって、ＩＳＯ管理担当者の役割は、ＩＳＯがすべてではなく、下図のような未来志向のスキームを担当するということです。

ＩＳＯ体制の 維持・強化	品質向上 活動の推進	検査技術の スキル向上
形骸化を実質化に 変化させる ↓ 人材育成。 ルールの見直し。 内部監査の強化 ↓ 経営目標と リンクさせる	トップダウン型と ボトムアップ型を バランスさせる ↓ 高い目標設定と それに伴う 能力開発 ↓ それらを 評価する体制の 構築	現在のしくみを 変革する風土を つくる ↓ 検査技術の開発 ↓ 新しいやり方を 受け入れる 職場環境の 風土づくり

155

7-6 品質管理に関する今後の現場の課題

現場の課題は「活力」

　前項まで見てきたように、いつの間にか品質管理が経営と直結しなくなり、製造業の経営体制で品質管理担当重役を明記していないという事実さえも出てきました。その弊害が多くの問題となって、現実に表われています。

　本書は、生産管理をテーマとしているので経営問題にまでは触れませんが、現在、製品やサービスが高品質を誇るために、経営陣の関与はどうあるべきかが企業の課題となっています。

　これまで、現場の課題について、「QC工程図の管理とそのポイント」「品質ISO担当者の役割」「クレーム管理と設計へのフィードバック」の3つを優先的に取り上げました。いずれも、最近発生したトラブルによって企業に深刻な問題を引き起こした事例をもとに解決策を示しています。

　近年のものづくりにおいては、ほとんどの企業で、同じような製品を毎年同じように生産していればいい、ということはなくなってきました。

　前項でも触れたように、現場には常に新しい製品が出たり、精度の向上を求められたりするので、品質管理業務もスキル向上や技術開発で対応しなければなりません。

　現実には、問題解決に追われ、明日のことを考える余裕はないかもしれませんが、未来志向を捨てることはできません。そこで、現場改善に役立つ能力開発や新技術の傾向を示したいと思います。

　日本型品質管理は、**現場の活力で進化**してきました。これからもこの基本線を崩すことがなければ、さらなる進化はできるはずです。

人材育成のポイントは「必要な資質」

　いま、現場で問題となっているのは**人材育成**です。

　どんな仕事でも、一人前と呼ばれるには時間がかかるものですが、現場の人たちは、若い品質管理担当者を育成することに大いに悩んでいます。

　企業の人材育成マニュアルには、品質管理担当者の育成方法も記載されていますが、たとえば、検査業務は短期間で習得できても、品質管理担当者として一人前になるには10年はかかるという人もいます。

　品質管理のセクションは、たとえ社内異動で担当になった人にとっても、最初の頃は得体のしれない職場です。

　学校ではこういった授業はなかったし、技術に関する勉強が必要になり、法律条文のようなマニュアルや規則も理解しなければなりません。時には、お客さんのところで頭を下げなければならないなど、想像すらつかない職場となっているのが現実です。

　したがって、品質管理のカリキュラムづくりは、それらを前提に作成しなければなりません。

◎品質管理担当者向けのカリキュラム作成ポイント◎

段階	項　目	概　　要
第1段階	品質管理の概要 （座学と体験）	●生産管理の用語の意味 ●品質管理と品質保証の違いは？ ●作業標準マニュアルの役割 ●ＩＳＯ9000とは何か？ ●ＱＣ7つ道具の使い方 ●科学的管理手法の活用法 ●なぜなぜ分析－三現主義 ●コミュニケーション手法　　　など
第2段階	活動の実践① （活動参加型）	●ＱＣ工程図の作成 ●ＱＣサークルとは ●内部監査、外部監査の知識　　など
第3段階	活動の実践② （社外との接点）	●クレーム対応の実践 ●他部門・社外とのやりとり　　など

157

なお、前ページ表には、マナーや読解能力など、社員としての研修内容については含まれていません

「自動化」に関する課題

検査工程で不良品の発生・流出を防ぐことが、品質管理の目的です。しかし、たとえ製造工程で不良品を出さない努力をしていても、将来的に検査ゼロになることは考えられません。

一方で、現状の検査工程では、現場作業員の高齢化や人手不足が深刻となり、検査のための新たな人材を確保することが年々難しくなっています。

そういった理由からも、今後、製造業に携わる企業は、**検査工程の自動化**を進める努力を続けなければならないということです。

しかし、自動化するにはいくつかの難しさがあります。

◎検査工程を自動化することの難しさ◎

要　因	概　要
検出技術が見当たらない	汎用技術では、性能面で自社の仕様に合わない。
製品寿命	製品が変わると、自動装置が使えなくなる。
1社では解決できない	検査装置は1社では受けてもらえない。経験不足や技術不足も否めない。

自動化することが難しいとはいえ、データの記録と保管を自動化するだけでも省力化につながります。

最近は、ソフトウェアが便利になり、既存の装置にも安価で付加することができるようになってきました。

ただし、実際に自動化できている会社の50％以上は、カスタマイズや複数社の技術を合わせた形で実現し、単に汎用技術を購入するだけではありません。

たとえば、目視検査を代替できる画像処理技術をもっていても、現場に設置できるノウハウがないため、装置メーカーと組んでもらってやっと実現するといった事例もよく見かけられます。

ＡＩやＩｏＴという新しい潮流

ものづくりでは、ＡＩやＩｏＴの影響がこれからまずます大きくなるはずです。品質管理の世界も、それに伴って技術革新や新しい潮流が生まれています。

ＩＴ技術に期待される効果は、「生産性向上」「人材不足対応」「品質管理向上」「技術・技能の伝承」などで、現場の関心も高く、ある調査では、製造系企業の80％近くがＩｏＴ技術に期待感をもっているとの報告もあります。

たとえば、ＩｏＴ導入による具体的な技術としては、すべての製品にＩｏＴタグをつけて、部品工場から顧客まで企業を超えた情報共有を行なって、品質保証やトレーサビリティを実現しようとする大きな試みが始まっています。

このような新ＧＰＳ機能や、ＩｏＴ、ビッグデータ解析、ＡＩを使えば、広域的な情報取得が活用でき、新サービスも期待できます。

音波や電磁波のデータについて、ＡＩ技術を使って異常を発見した事例も複数報告されています。

いままでは、使えることさえ考えもしなかったデータも掘り起こされてくるので、まさに無限の可能性があるといえます。

多くの人が注目しているように、ＡＩやＩｏＴがこれからの品質管理の仕事に大きな影響を与えるのは明白なことでしょう。どんな世界が実現できるのかは、むしろこの本を読まれているあなたが決めるのだろうと私は考えています。

COLUMN

品質を証明するJISマーク

多くの人が工業製品で目にすることのある「JISマーク」は、製品の種類、寸法、品質や性能、安全性が一定の基準を満たしていることを証明するものです。

JISマークが付けられるということは、品質トラブルやクレームを起こさない製品として、消費者に安心してもらえるだけでなく、製造者にとっても自社製品を安心して販売できることになります。

では、JISマークがもたらす安心感はどこからくるのでしょうか？

それは、JISとは、**日本工業規格**（Japan Industrial Standard）という国家規格で、工業標準化法という法律にもとづいて主務大臣が制定した、いわゆる国の「お墨付き」だからです。

このしくみのもとで品質を証明するのは、主務大臣に登録された民間の認証機関で、国内外には現在24機関あります。この認証機関は、その認証能力を証明してもらうために、主務大臣による立入り検査などの監督措置を受けています。

このように権威のある認証機関は、メーカーの品質管理体制を審査し、製品そのものの試験を行ないます。審査や試験でJISが規定する品質に適合していることが確認されると、JISマークの表示が認められます。これがJISマーク表示制度のしくみです。

このように厳格な制度にもかかわらず、JIS認証が取り消されるという報道が時々見受けられます。

日本を代表する大企業の違反事件も報道され、日本中が驚きましたが、このような事態は、JISに違反した会社の信用だけでなく、JIS制度そのものの信頼性、ひいては日本の工業製品の信頼性をも損ねることになりかねません。

8章

現場改善活動のすすめ方と実務ポイント

Production
Management

執筆 ◎ 滝沢　悟

8-1 現場改善活動とは

現場改善活動は製造業発展の原動力

　日本の高度成長期に製造業を発展させてきた原動力として「**現場改善活動**」は、欠かすことのできない重要な要素といえます。

　どの企業も、世界を相手に競争力を強化するためには、製造現場などで直接仕事に携わっている一人ひとりが「よい品質のものを安く、早くつくり出す」という意識を持って、ボトムアップの盛り上がりによって活動を進めていく取組みが大切になります。

　そのためには、さまざまな経営環境の変化に応じて、現場の全従業員が協力し合い、創意工夫を発揮して新たな環境変化に追従していかなければなりません。

　また、市場の創造といったさらに積極的な経営課題へ対応する必要も出てきます。そうした今日の不確実性の高い環境変化が激しい時代においては、現場を起点として進める「現場改善活動」が、より一層求められているといえます。

　こうした現場改善活動は、トヨタ自動車の取組みが有名ですが、「改善」はいまや「ＫＡＩＺＥＮ」として世界で通用する言葉となっています。

　日本の代表的な企業であるトヨタ自動車を世界トップクラスの優良企業に成長させ、日本あるいは世界の多くの製造業、非製造業の品質レベルを向上させ、企業の競争力を飛躍的に高めてきた背景には、「現場改善活動」が大きく貢献してきたといえます。

　この章では、「現場改善活動」について詳しく見ていきたいと思います。

◎４Mの視点で問題・課題を考える◎

人 **M**an	モノ **M**aterial	設備 **M**achine	作業方法 **M**ethod

現場改善活動の狙いと対象

　主に製造業の現場の状況を４M（人、モノ、設備、作業方法）の視点で見てみると、次のような問題・課題が山積している場合があります。

● **人**…………人数が少ない、技術力が不足、残業が多い
● **モノ**………過剰在庫、納期遅れ、整理・整頓されていない
● **設備**………機械が古い、台数不足、故障が多い
● **作業方法**…標準ができていない、平準化されていない

　こうした現場の状況を放置しておくと、小さいと思われていた問題が経営を揺るがす大きな問題に発展していく可能性があります。

　いま起こっている問題、たとえば「大幅な納期遅延による賠償請求」「重大な品質不良の発生による大量リコール」「食品メーカーでの異物混入」「過重労働による安全労働の問題」などは、まさしく重大な事態といえます。

　こうした問題の発生を防止するためには、日ごろから問題やトラブル等の芽を一つひとつ根気強くなくしていく取組みが必要です。その活動がまさに日本企業の得意分野である「現場改善活動」といえます。

8-2 現場改善活動の考え方

企業活動としての現場改善活動

　企業活動の基本は「継続する」ことです。企業を継続していくためには、企業を取り巻くさまざまな環境変化に的確に対応していく必要があります。

　そして、企業と密接に関係するステークホルダー（顧客、社員、取引先、株主、社会等）の人たちへ貢献することを継続していくことや、**企業の社会的責任**（ＣＳＲ：corporate social responsibility）を果たしていくことが、企業には期待されています。そのためには、赤字体質の企業ではなく、健全な財務体質であることが必要です。

　そこで重要となるのは、利益を出し続ける経営体質の企業になるということです。企業が継続していくためには、利益を出し続ける不断の努力が不可欠となります。

　企業が**継続企業**（ゴーイングコンサーン：going concern）として生き残っていくためには、利益を出し続ける経営体質となっていなければなりません。そのためには、全社一丸となっての努力が必要なことはいうまでもありません。

　利益を上げる方法は基本的に2つしかありません。「販売価格を上げる」か「原価を下げる」かです。どちらも重要な施策ですが、この章では、製造原価を下げる「現場改善活動」による取組みに焦点をあてて解説していきます。

利益を上げていくための方法

　次ページ上図に、原価構造と利益の関係を示しました。「利益」は、製品を生産するために要したコストである「総原価」を「販売価格」（売上）から差し引くことにより計算されます。その原価の

164

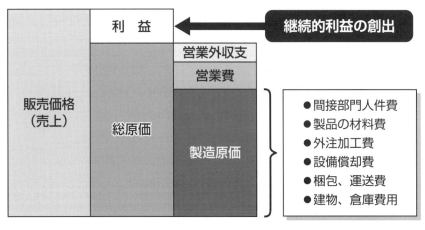

内訳は、大きくいうと「製造原価」と「営業費」(販売管理費)、そして「それ以外の経費」に分かれますが、製造現場でコントロールできるのは、製造原価の部分です。

この製造原価を下図のような4Mの視点による「現場改善活動」のさまざまな創意工夫等により削減すれば、利益の拡大に貢献することができます。

8-3 現場改善活動のすすめ方

現場改善のために必要な組織の活性化

現場改善には昔からいろいろな工夫がされてきましたが、経営理論からいくと「組織活性化論」で説明されることが多いと思います。

人事制度も大きく関わりますが、代表的なものとしては「**提案制度**」「**小集団活動**」「**目標管理制度**」があげられ、現在も多くの企業が採用しているなじみのある制度です。しかし、これらの制度は広がっているようにみえて、うまく回っていない現場も見受けられます。大きな原因は、制度の疲弊あるいはマンネリ化にあるようです。

これらの制度は本来、自主的な活動のはずですが、経営課題から離れてしまったり、逆に経営管理のもとに自主性が失われてしまったりと、衰退した理由も各企業により事情が違っているようです。時代も変わり、つくるものが変わり、生産方式が変われば、制度も見直していかなければなりません。

現代は新３Ｋ時代で「給料、休暇、希望」が働く人のニーズであるともいわれています。国土交通省は、イノベーションの実現でこれを達成するといっていますが、別に新技術に依存しなくとも新３Ｋを達成するために組織をあげて取り組むことこそが、もっとも重要な現場改善策ということです。

職場の活性化には、コストや生産性ばかりに焦点を合わせず、社員の共感する目標を達成するための「提案制度」「小集団活動」「目標管理制度」であれば、現場の活力が出てくるはずです。

さらにいえば、これらの活動成果を人事制度（昇進や賞与など）に反映させるしくみを構築することが重要です。

生き生きとした組織をつくるためには、一人ひとりが納得する透明性・公平性が必要です。

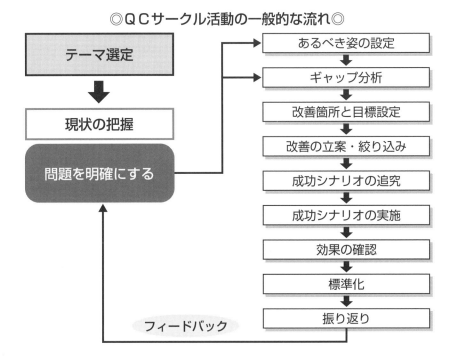

小集団活動としてのQCサークル

　現場改善活動の代表的なものとして「QCサークル」などによる小集団活動があります。

　1960年代から、日本の企業内では職場の小集団活動である「QCサークル活動」が盛んになりました。このQCサークルは、日本独自の品質管理活動の一つで、特定の専門家だけで品質の向上に取り組むだけではなく、製造現場の作業員も含む全員参加型の職場活動として、自発的に品質向上に取り組むものとして多くの企業に導入されました。

　QCサークル活動は、経営環境の変化に対応して全従業員が協力し合いながら、創意工夫をして職場の業務改善や課題解決を図るだけでなく、職場コミュニケーションの観点からも風通しのよい職場づくりにつながるというメリットがありました。

ちなみに、ＱＣサークルの一般的な流れは前ページ図のとおりです。

ＱＣサークルのかげりと再展開

　1980年代になると、高く評価されてきたＱＣサークル活動にもかげりが見え始めました。

　当初想定していたような改善の期待成果が上がらない、全員参加の原則がくずれてきた、形骸化してマンネリ感が漂ってきた、自主活動の位置づけがあいまいになってきた…、などの現象がみられるようになってきたのです。

　その原因については、種々の考察や意見がありますが、おおよそのところでは、以下のような見解にまとめられます。

● バブル崩壊後のグローバル化の進展などの経営環境の激変による企業の経営スタイルが、従来の小集団活動のやり方にマッチしなくなってきた。

● 日常的な業務改善と方針管理による大きな改善を混同して小集団活動のテーマを選び、成果を期待しすぎた。

● 年１回の「小集団活動成果発表会」などでの発表ありきで、体裁を過度に気にしすぎるあまりに、本来の日常改善につながらなくなった。

● 近年における「働き方改革」などによる見直しに伴う労働法制の指導強化等の動きに伴い、自主的な職場活動に関する意識の変化が出てきた。

　活性化されたＱＣサークル活動にもかげりが見られるわけですが、小集団活動は、日本企業を世界トップレベルの企業群に成長させた多くの優れた特徴をもっている活動です。

　少子高齢化、グローバル化、ＩｏＴの進展など経営環境の変化とともに、従来どおりのＱＣサークル活動のスタイルでは、機能不全を起こす可能性があるようです。

◎小集団による現場改善活動の再展開◎

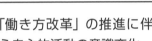

QCサークル活動のかげり
- グローバル化等の経営環境変化とのミスマッチ
- 日常の業務改善と方針管理の大改善を混同してテーマ選定
- 成果発表会に向けた過度な体裁重視の活動でマンネリ
- 「働き方改革」の推進に伴う自主的活動の意識変化

小集団活動の再展開

<u>**小集団活動の効果を再評価して再展開が必要**</u>
- 集団による発想力を活かす
- 日常的なテーマへの取り組み
- 方針管理との整合性の確保
- 相互研鑽の場としての活用
- 個々の働き方の尊重と調和

ここで、もう一度、小集団活動の原点に立ち返って、再展開をしていくことが望まれます。その際のポイントとしては、以下の点に留意することが大切と考えられます。

- 小集団活動による発想力を活かすような位置づけとする日常的なテーマに不断に取り組むよう活動するが、企業の方針管理の方向性とベクトルは合わせる。
- グループメンバーによる相互研鑽により、人材育成の場として人を育て、必要に応じ、職制を通じて組織横断的なグループを編成して方針管理のテーマとの整合性を図る。
- 「働き方改革」の動向や労働法制の指導強化を踏まえて、個々人の働き方を尊重・調和させる

8-4 現場改善としての「5S活動」

まずは5Sから現場改善活動スタート

「5S」は、「整理」「整頓」「清掃」「清潔」「しつけ（躾）」のローマ字の頭文字からできた言葉で、現場改善活動を進めるには、まずは5S活動からスタートするのが基本です。

おそらく、すべての現場での指導においては、5Sから開始することが原則だと思います。いまや海外でも「ＧＯ-Ｓ」で通じるところも多い基本的な活動です。

その基本活動の5Sが、本場の日本で経験している人が減少している傾向にあります。この項では、基本的なことに触れながら、問題点も指摘していきたいと思います。

◎5Sのステップとサイクル◎

5S活動のポイント

5Sの流れは、前ページ図に示したとおりですが、それぞれの内容は以下のとおりです。

①**整理**…必要なものと不要なものを分けて、不要なものを捨てる

②**整頓**…必要なものをすぐに使えるように決められた場所に置き、いつでも取り出せる状態にしておくこと

③**清掃**…必要なものについた異物を除去し、きれいにすること

④**清潔**…整理・整頓・清掃（3S）が維持されて、汚れがない状態や職場の衛生を保つこと

⑤**しつけ（躾）**…決められたルール・手順を正しく守る習慣を身につけること

5Sが業務の効率化に果たす役割が大きいのは知られていますが、重要なことは、「**5Sが徹底されている職場は、管理レベルが高い**」ということです。質の高い仕事は統率のとれた組織から生まれます。

これができて初めて、次の段階に進めるということです。

5Sに期待される効果

5S活動に期待しているのは、本質を十分に理解して実践することで、次のような効果を発揮する点です。

【原価低減、能率アップ】

●在庫の持ちすぎのムダがなくなる

●倉庫、棚等の置き場スペースの削減につながる

【安全・災害防止につながる】

●故障や危険箇所が明白になり事故防止になる

●荷崩れの防止や避難路などが明確になる

【予防保全につながる】

●機械のゴミやほこりを除去することで予防保全になる

●日々の手入れや油さしで機械の寿命が延びる

【品質向上が図られる】

●きれいな職場で、ものづくりに対する意識が向上する

●検査器や測定器が整然と配置されて間違いがなくなる

【多品種生産に適応できる】

●段取り替え等の能率が上がる

●経験の少ない従事者でも間違いのない仕事ができる

【納期遵守やクレーム防止につながる】

●不良品の発生がなくなり、納期どおりに納品できる

●作業環境がよくなり、品質レベルが上がる

「現場改善活動」の衰えのきざし

　多くの工場などの現場では、「整理、整頓の実践を！」などのスローガンがよく貼り出されていますが、５Ｓの本質をキチンと理解して、しっかり実践している現場とそうでない現場に分かれる傾向にあります。

　簡単にいうと、５Ｓといえば、整理・整頓・清掃までは多くを教育できるのですが、清潔と躾の徹底に苦労するというのが、現場責任者の感想になるはずです。

　そこで、５Ｓ活動を推進しても、材料、部品などの物の並べ直しや積み直しにとどまり、いつの間にか乱雑のままに放置されてしまうのが現実のようです。

　５Ｓに対する推進力や指導力が弱体化したりすることで、現場における５Ｓの認識や実践が薄れることが多いようです。したがって、現場改善活動は、まずは５Ｓの推進についての再認識が必要であるといえます。

５Ｓを推進するにあたってのポイント

　５Ｓは、掃除や片づけによって、職場環境をきれいにするという美化活動だけが目的ではありません。職場の抱える問題を解決する「現場改善活動」の一つです。

　直接的には、前述のような効果を期待しているわけですが、５Ｓが徹底されると、経営にも有形無形の大きな効果が出て、業績に反映されます。一度、効果が納得できると、相乗効果が表われます。

　５Ｓ活動をスローガンだけに終わらせないで、職場に定着させていくためには、何よりもトップや経営層が５Ｓの重要性について認識し、現場と一体となって粘り強く時間をかけて取り組む必要があります。

　そのために留意するポイントは、誰が見てもわかるよう「**目に見える管理**」を意識することです。具体的なポイントは以下のとおりです。

- **整理**…「いるものといらないものをハッキリと区分して、いらないものは捨てる」ことがポイントです。
- **整頓**…整理した必要な物をすぐに間違いなく取ったり置いたりできるようにすること。「日常作業の標準化」です。
- **清掃**…「常に自分の職場を掃除し、きれいにすることを心がける」ことが大切です。機械設備は、清掃をしながら点検する「清掃点検」を定着させることがポイントです。
- **清潔**…「整理・整頓・清掃の３Ｓを定着させる」ことを意識して、整然とした環境を保つためのしくみづくりをめざします。
- **躾**……上記の４Ｓを徹底するための全体を包括するものです。「決められたことをキチンと正しく守る」ことを習慣づけます。

　このように、５Ｓのなかでは「清潔・躾」が特に成功のカギになります。

8-5 JIT生産方式のしくみと効果

■「トヨタ生産方式」とは

　職場活性化策にはいろいろありますが、ここでは、現場改善活動の代表ともいわれ、多くの企業でも取り入れられている「**トヨタ生産方式**」について考えていきましょう。

　トヨタ生産方式は、「**JIT（ジャスト・イン・タイム）生産方式**」ともいわれ、いまや世界中に知られて、研究されている生産方式です。

　「お客様にご注文いただいたクルマを、より早くお届けするために、最も短い時間で効率的につくる」ことを目的として、確立された生産管理システムといわれています。

　トヨタ生産方式は、「異常が発生したら機械がただちに停止して、不良品をつくらない」という「**自働化**」と、各工程が必要なものだけを流れるように遅滞なく生産する「**ジャスト・イン・タイム**」の2つの考え方を柱としています。

◎トヨタ生産方式の二本柱◎

自働化	ジャスト・イン・タイム（JIT）
異常が発生したらただちに停止、不良品をつくらない	必要なものを、必要なときに、必要なだけ遅滞なくつくる

174

「自働化」は、不良品の発生や設備の異常があったときには、機械が自動的に止まり、人が作業を止めることで解決し、引き取られる部品はすべてよい部品でなければならず、後工程へは良品しか流れないしくみで品質を確保します。いわゆる、「品質は、工程でつくりこむ！」を実践しているといえます。

一方、「ジャスト・イン・タイム」は、生産現場の「ムダ・ムリ・ムラ」を徹底的に排除し、よいものだけを効率よくつくるしくみで、後工程の要求に合わせて、「必要なものを必要なときに必要な量だけつくる！」ということを実現しています。トヨタ生産方式が「ＪＩＴ（ジャスト・イン・タイム）生産方式」と呼ばれている所以です。

ムダ・ムリ・ムラの排除

「ムダ・ムリ・ムラ」の概念は、「ジャスト・イン・タイム」の主要な考え方で、「トヨタ生産方式」の根幹の一つにあげられています。現場改善を、合理的、効率的、論理的にすすめるためのキーワードです。

「ムダ」は、余分に生産する、余計な動作を含んでいる、といった除くべき「過剰分」を示しています。

「ムリ」は、実践できないスケジュールや切り詰めといった能力以上の計画を示しています。

「ムラ」は、ムダとムリの間を行ったり来たりする不安定な状態のことをいい、一般的には、適切な方式が確立されておらず管理できていないことを示しています。

このトヨタ式改善法の優れているところは、現場の管理だけでなく、経営層から個人の業務・仕事術に至るまで幅広く応用でき、多方面で参照されていることにあります。

生産現場には「ムダ」な作業がある

現場改善活動をすすめるにあたっては、まず職場内のムダを認識することが大事です。

175

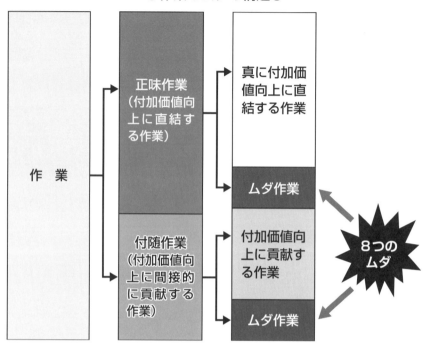

◎作業のムダの構造◎

　ムダとは、仕事の付加価値を高めない作業や結果をいいます。原価だけが増えて、生産性や企業の利益に寄与しない動きや状況のことです。

　具体的には、生産現場における活動の動作は「作業」と「ムダ」に分かれます。作業は、「正味作業」と「付随作業」に分かれ、正味作業は付加価値を高めますが、付随作業は直接的には付加価値を高めませんが、作業の過程でやらなければならない作業で、間接的に付加価値を高めることに貢献します。

　たとえば、作業のために常に部品を取りに行くなどが付随作業の代表例です。作業者本人は一生懸命に働いているつもりでも、付加価値を産まない作業は、ムダな作業でただの「動き」であり、「働き」とはいえません。この「働き」を追求すると付加価値のある仕事に仕上がっていきます。

生産現場のムダの８分類

　生産現場には、有名な「８つのムダ」があります。８つのムダとは、次のとおりです。

```
①不良、手直しのムダ    ②作りすぎのムダ
③加工それ自体のムダ    ④移動・運搬のムダ
⑤在庫のムダ          ⑥動作のムダ
⑦手待ちのムダ        ⑧廃棄のムダ
```

　こうした８つのムダを現場改善活動で解決していくためには、「この作業は本当に必要なのか」「このやり方はもっと簡単にできないのか」「このやり方でよいのか」などと検討して、作業のなかにあるムリ、ムダ、ムラを見つけていくことが必要となります。

ＪＩＴ生産方式を支えるもの

　ＪＩＴ生産方式の確立にあたっては、第二次世界大戦前の自動車産業におけるライン生産方式などの研究をはじめとする、長い年月をかけた改善の積み重ねの技術的な検討や試行錯誤がありました。

　ＪＩＴ生産方式の体系を支えている技術や考え方としては、「ジャスト・イン・タイム」のほかに、「かんばん方式」「ムダ取り」「平準化」「アンドン」「ポカヨケ」「自働化」「見える化」「多能工」「標準作業」「一個流し」などの多様な技術および優れた知恵の蓄積が包含されています。

　したがって、ＪＩＴ生産方式による生産を成功させるためには、現場の意識改革をはじめ、多方面にわたる生産レベルを向上させていくことが必須となります。

ＪＩＴ生産方式を実践するための原則

　ジャスト・イン・タイムを成り立たせるためには、いろいろな原

177

◎ジャスト・イン・タイムの代表的な原則◎

後工程引取り	流れ生産	標準作業
後工程は、必要なモノを必要なときに必要な分だけ、前工程から引き取る。前工程は、引き取られた分だけつくる。	工程内・工程間に部品や仕掛品などのモノを停滞させない。余分な在庫はつくらない。	単位作業の連続を一定の手順で組み合わせて製品をつくる。タクト・タイム、作業順序、標準手待ちを決める。

則がありますが、代表的なものは「後工程引取り」「流れ生産」「標準作業」の3つです。

【後工程引取り】（かんばん方式）

　必要なものを必要なときに必要な分だけ、前工程から引き取り、前工程は引き取られた分だけつくります。

【流れ生産】

　工程内・工程間に、部品や仕掛品などを停滞させないことです。

【標準作業】

　単位作業の連続を一定の手順で組み合わせて製品をつくるための標準のことをいいます。標準作業のためには、タクトタイム（稼働時間／生産必要数）、作業順序、標準手待ちを決める必要があります。

JIT生産方式を適用する際の課題

　JIT生産方式は、万能の生産方式のように考えられますが、実は、すべての工場や製造ラインに適しているかというと、そうでも

ありません。

　想定どおりの成果が上がらなかったり、製造現場に混乱を招いたりする例が発生することがあります。どんなにいいやり方でも、自社製品の特性や企業の状況を考慮せずに、ＪＩＴ生産方式を適用すると破綻を招くことがあるわけです。

　その代表的な事例を以下に紹介しておきましょう。

【事例】
①在庫を削減しすぎたために競争力が低下したＡ社

　在庫は悪だということで、Ａ社は在庫ゼロ方針を追求しすぎたため、顧客への製品の円滑な供給が滞り、他社との競争に敗れる結果となりました。

②無理やり小ロット化したことで外注コストがアップしたＢ社

　段取り替えの時間短縮化の体制が整わないまま、Ｂ社は小ロット化を進めたために、外注加工に発注する製品が増えてコストアップとなり赤字に転落しました。

　それでは、ＪＩＴ生産方式はどういったところに適していて、どういったところでは適さないのでしょうか。

　次にあげるような場合には、ＪＩＴ生産方式はあまり向いていないといわれています。

- 「受注設計型製造スタイル」や「装置産業型製造スタイル」など、同じものを繰り返し生産しないカスタムメイド生産の場合
- 「季節変動が月によって大きく変動する製品の製造ライン」などによるために、検査や管理の工数が非常に大きい製造や外的条件の変化に大きく左右される可能性が高い場合

　上記以外でＪＩＴ生産方式に適していると考えられる場合でも、

179

◎ＪＩＴ生産方式は自社に適しているか◎

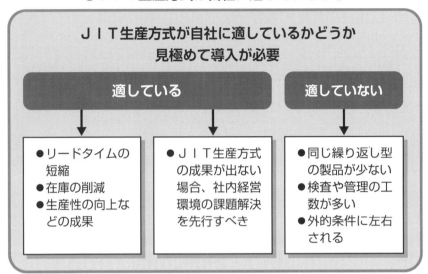

内部的な問題で効果がなかったという次のようなケースもあります。

- ラインの品質不良率が高くて効果が期待したほどでない、または歩留り率が高く品質ロスが多いあるいは変動が多い場合などは、品質改善にまず取り組む必要があります。
- 作業者の定着率が低く、作業者の入れ替わりが激しくて、標準作業の徹底や作業の習熟度が低く、作業改善に対する意識・意欲も低い場合などには、作業者の定着率を上げる対策や人材育成にまず取組みの視点を移す必要があります。

このようなケースでは、ＪＩＴ生産方式の導入にあたって、自社の経営環境や現状認識を十分に行なったうえで、本質的な課題の解決を先行させる必要があります。

見直されるＪＩＴ生産方式への取組み

長年にわたり、日本の製造業界における生産管理方式を牽引して

きたのはトヨタ自動車でした。その中枢の生産管理手法は、これまで述べてきた「ＪＩＴ生産方式」です。

このＪＩＴ生産方式を自社の生産ラインに取り入れ、大きな成果を上げている企業もたくさんありますが、しかし一方では、ＪＩＴ生産方式を懸命に導入したにもかかわらず、逆に生産システムを混乱させて、企業業績を悪化させる事態となるケースも後を絶たないようです。

これは、自社の事業特性や製品特性、そして顧客や取引先との特殊な関係性を十分に考慮せずに、トヨタ自動車の真似をしてトップなどの号令によって、やみ雲に導入してしまったことなどが原因で起こっているようです。

前述の「ＪＩＴ生産方式を適用する際の課題」でも説明したように、ＪＩＴ生産方式は、どのような企業にも恩恵をもたらす万能かつ魔法のツールではありません。

ＪＩＴ生産方式は、トヨタ自動車による長年の現場第一線での試行錯誤の連続によるノウハウの蓄積と、トップ等経営層のたゆまぬ熱意が相まって生み出されたものです。

すでにＪＩＴ生産方式を導入している企業、これからＪＩＴ生産方式を導入する企業においては、こうした歴史的背景も踏まえながら、本当にＪＩＴ生産方式が自社に適しているかどうかを真剣に検討して導入を図るようにしてほしいと思います。

その際、もっとも重要なことは、トップ等経営層が、現場第一線の「現場改善活動」への理解を深め、熱意溢れるたゆまぬ支援を行なうということでしょう。

COLUMN

三現主義の徹底

　最近の日本の産業界は、新産業を創出し続ける米国や急成長する中国などに圧倒されて、「技術立国日本」の看板がやや色あせている感が強まっています。

　そこに、日本でも有数の大手製造メーカーによる無資格検査やデータ改ざんの常態化などの不祥事が相次いで発覚し、日本の製造業への不信感が広がってきています。

　世界を品質管理技術の高さで席巻した日本の「ものづくり神話」が揺らいでいるともいえます。

　こうした現象の遠因として、「収益さえ出ていればいい」という経営姿勢や「現場が声をあげられない閉鎖的な組織風土」などが指摘されています。

　こうした状況を踏まえ、製造業の基本的な行動規範である「**三現主義**」をもう一度、徹底させることを考えてほしいと思います。

　三現主義とは、「現場」「現物」「現実」という3つの「現」を重視する考え方で、「現場」に足を運び、場を確認する。「現物」を手に取り、物を確認する。「現実」をこの目で見て、現実を知る。という意味で、これらのことが、最近の製造業ではおろそかになっている気がします。

　この三現主義に「原理」と「原則」を付け加えて改善・改革につなげるという「**五ゲン主義**」という考え方も提唱されています。

　「技術立国日本」を蘇らせるためには、まずは経営トップ自らが「三現主義」を実践して、自社の現場の状況をキチンと把握する姿勢をもつことが、もっとも大事なことであると考えられます。

9章

コストと在庫の管理のしかたと
問題解決法

Production
Management

執筆 ◎ 滝沢　悟

9-1 企業活動の基本は「継続」

企業の競争力とは

8章でも述べたように、企業活動の基本は「継続」することです。そのためには、継続して利益を出し続けることが必要となるわけです。

企業は、自社だけで経営をしているわけではないので、ライバルとしての競合企業の存在を無視することはできません。そうなると、企業経営を継続していくには、ライバル企業との競争に勝ち続けていくことが必要になります。

企業の競争力とは何でしょう？　企業の競争力とは、市場で自社の製品やサービスが消費者に選ばれ、継続的に利益を生み続ける力であるともいえます。

経営戦略の権威であるマイケル・E・ポーターは著書『競争の戦略』のなかで、業界と競争事業者を深く知ることによって、総合的な戦略を策定するための分析手法を明らかにしました。

そこで述べられたことは、「３つの基本戦略」（コストリーダーシップ戦略、差別化戦略、集中戦略）と「５つの競争要因」（競争優位を保つために企業が何をなすべきかを決定するもの）でした。

５つの競争要因とは、次ページの図に示したように、①新規業者の参入、②代替品の脅威、③買い手の交渉力、④売り手（供給業者）の交渉力、⑤業界内の競合企業の５つといわれています。

この５つの競争要因が、業界全体の価格、コスト、投資などに影響を及ぼすので、たとえば最近は、大手小売業にみられるように、買い手がその強力なバイイングパワーを駆使して、コストのかかる製品やサービスをより安価に提供することを要求してきています。

買い手の交渉力は、代替品の脅威と同様に、会社が決める製品・

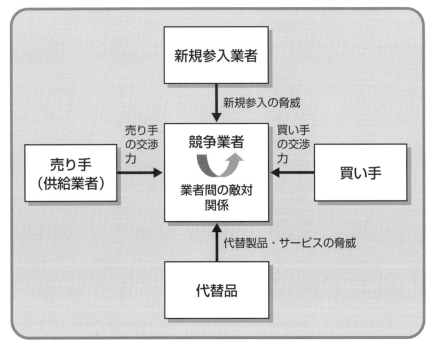

◎マイケル・E・ポーターの「5つの競争要因」◎

サービスの価格を左右します。

　また、供給業者という売り手の交渉力は、その原材料その他の資材の希少価値・付加価値の高さを背景として、コストアップにつながる購入価格を要求します。

　業者間の敵対関係は、価格だけではなく、工場、製品開発、広告、営業活動の面で競争するコストに影響を与え続けます。

　新規業者の参入への対抗の面では、参入障壁を高くするための投資を必要とします。

　このように、経営環境が激しい競争にさらされている場合には、収益アップとコストの低減の二面から利益を出し続ける経営体質となるように不断の努力をしなければなりません。

　この章では、特に製造業に関係が深いコストの面について在庫管理のあり方とともに考えていくこととします。

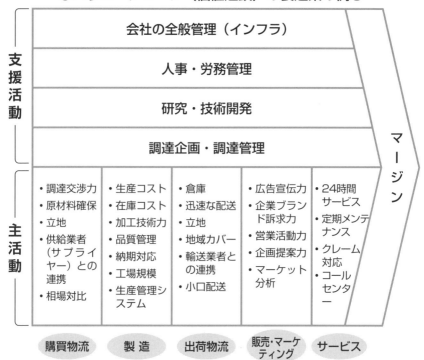

バリューチェーン（価値連鎖）という視点

　ポーターは著書『競争優位の戦略』のなかで、より具体的な方法論を展開し、競争優位をつくり出す「**バリューチェーン**」（**価値連鎖**）という考え方を提示しています。

　バリューチェーンは、上図の例に示したように、事業活動を機能ごとに分解し、どの部分（機能）で付加価値が生み出されているか、どの部分に自社の強みや弱みがあるのかを分析して、事業戦略の有効性や改善の方向性を探るのに活用できます。

　また、自社のバリューチェーンと競合他社の想定バリューチェーンを比較することにより、自社の打つべき手立てを検討することができます。

主活動は、「モノの流れ」に着目した活動を区分し、支援活動は、いわゆる間接部門として分解して事業全体のコストをとらえます。

主活動は、業界によって力をかける比重が大きく変わります。たとえば、流通業者にとっては購買物流と出荷物流業務が最も大事で、レストランや小売業の場合はサービス（顧客サービス）が最も重要になります。

製造業については、製造が最も重要な活動になりますが、その企業の強みの源泉が生産の流れのなかの上流・中流・下流のどこにあるのかによって、必ずしも製造の部分だけに焦点を当てていればよいとはいえません。

研究開発等の最上流を強みとしている場合は、研究・技術開発が最も重要になり、メンテナンスに力を置いている場合は、サービス（アフターサービス）が最も重要になります。支援活動も、業界の違いや企業戦略によって、力点の置き方に違いが出てきます。

このように、企業戦略によってかけるべきリソース（人、モノ、お金）のコスト配分は大きく変わります。

このバリューチェーンを生産管理に当てはめると、次の3つの活動タイプによる役割で考えることができます。

①**直接的活動**…価値創造に直接関与する活動（部品製造、営業活動等）

②**間接的活動**…横から支える活動（日程調整・作成、メンテナンス等）

③**活動の質の保証**…他の活動の質を保証する活動（監視、検査等）

企業の競争優位を考えるうえでは3つの視点で活動タイプを分類しますが、たとえば、他社との差別化戦略では直接的な活動に差がなくても間接的な活動で勝つという戦略がとれるということです。

165ページの上図「原価構造と利益の創出」で示したように、製造業だからといって単にバリューチェーンの「製造」だけに焦点を当てればよい、というものではないことを理解しておく必要があります。

9-2 戦略的コストダウンとは

コスト優位をつくり出す戦略の考え方

ポーターは事業を分析する際に、コストに影響を与える「**コスト推進要因**」（コスト・ドライバー）を10要因あげて、これらがどのように付加価値の形成に寄与するかを定量的に把握して、事業戦略を立てることが望ましいと主張しています。

10のコスト推進要因とは、①規模の経済性、②習熟度、③キャパシティ（稼働率による固定費のカバー状況）、④連結関係（付加価値活動相互の関係）、⑤相互関係（他の事業との関係）、⑥統合、⑦タイミング、⑧自由裁量できる政策（ポリシー）、⑨立地（ロケーション）、⑩制度的要因（規制、法律等）をいいます。

次ページの表に、購買活動におけるコスト推進要因の活用例を示しました。このようにコストに着目すると、コスト優位を確保するには、次の2つの方法が考えられます。

> ①トータルコストの大きな部分を占める価値活動のコスト推進要因をコントロールする
> ②バリューチェーン（価値連鎖）の再編成を検討して、製品の設計、製造、流通、販売について別のよりよい方法を採用する

これらの2つの活動は、それぞれ単独で実施するだけでなく、重複して実施することによって効果を一層あげることができます。

価値活動のコストは、1つのコスト推進要因だけで決まらず、複数のコスト推進要因の組み合わせによって形成されていることが多いので、企業はコスト推進要因と価値活動のコストとの関係をでき

◎購買活動におけるコスト推進要因の活用例◎

コスト 推進要因	購買活動の コスト推進要因	活用例
規模の経済性	購買規模	特定のサプライヤーとの取引量によって交渉力が変化する
習熟度	購買スキル	バイヤーとしての交渉スキルの習熟度によってコストが変化する
キャパシティ	稼働率による固定費カバー	固定コストが大きい場合、稼働率がアップする工夫を行なう
連結関係	サプライヤーとの連結関係	サプライヤーとの調整がうまくいくとトータルコストが下がる
相互関係	他事業単位との共同購買	同系事業単位と共同購買は交渉力が強化される
統合	社内内製化、外注化	統合のやり方によってコストが上がったり下がったりする
タイミング	サプライヤーとの付き合いの程度	サプライヤーとの取引の長さや緊密度によって提供サービスに変化
ポリシー	購買慣行	購買慣行の内容によって対応方法が変化する
ロケーション	サプライヤーの立地	サプライヤーの立地状況で購買コストに影響を与える
制度的要因	政府・団体等からの規制	政府の政策や関連団体の決めごとでコストに変化が出る

るだけ定量化することが望ましく、そのためには規模の経済性曲線、あるいは習熟曲線の傾斜、重要なポリシーによるコスト影響力やタイミングのよし悪しを検討しておく必要があるといわれています。

コスト優位を持続するための取り組み

　企業戦略の一つである「コスト優位性」を持続させるには、日常的に実行する熟練にかかってきます。

　コストは、ひとりでにまたは偶然に下がったりするものではありません。企業規模や生産量が似ていて、似たような戦略を採用している企業でも、コスト優位となる価値活動は、それぞれの企業のポリシーや伝統、働く人々の経験値によっても違いが出てきます。

　すなわち、従業員の訓練・モチベーション、企業文化、コスト削減プログラムの採用、ＩＴ化の追求等の多くの複合的な取り組みが調和して、コスト優位性の持続を実現していきます。

　多くの企業では、コスト削減の方法は、年初に現場が目標を定めて関連役員に提出し、承認を受けてから走り出し、年度途中で見直しをかけながらゴールを達成する、という方法になっていると思います。

　165ページの上図「原価構造と利益の創出」で考えると、製造原価の達成目標が全社的に決められたら、あとは部門で実行する形となります。この方式では、企業の利益は出ますが、製品や事業別の採算はわからないため、工場内でさらに原価管理体制をとらなければなりません。

　これを「費目別、部門別、製品別」管理方法と呼び、管理のための計算基準を定め目標管理する方法です。この計算には、いろいろなやり方がありますが、企業の事情に最も合った方法をとります。

　基本的な考え方は、「発生したコスト・経費を製品（事業・部門）にできるだけ正確に割りつけていく」ということです。

　適正に配賦するというプロセスがあるため、時間はかかりますが、正しいコスト削減には手間をかけなければなりません。

　最後に、コスト優位性を維持できない失敗となる例をいくつか以

下にあげておきますので、参考にしてほしいと思います。

● **製造活動のコストだけに注意を向けて、他の活動のコストを無視してしまう**…現場のコストにも、直接費用と間接費用があります。もちろん、コスト削減にはどちらも管理が必要ですが、ここにも直接原価計算と全部原価計算の考え方を適用して、どれがもっとも有効なコスト削減かを決める必要があります。

● **調達活動を軽視する傾向がある**…調達部門が別などという理由で、労働コストの削減には熱心だが、購買資材についてはあまり注意を払わなかったり、資材購買が現場とは離れた体制でコストダウンを行なっていると最適化はできません。

● **サプライヤーとの信頼関係をつくっていない**…サプライヤーとの連結による品質保証、検査、サービスといった活動間の連結にあまり気を払わないで、一律のコスト削減を求めているケースです。下請法にも関係しますが、合理的なコストダウン策をつくり上げないと持続はしません。

● **矛盾したコスト削減を試みている**…たとえば、規模の経済を追求して市場シェアを伸ばそうとしているのに、製品モデルの種類を増やす取り組みにコストをかけているケースです。

● **間接的活動や小さな活動を見落としている**…大きなコストを必要とする活動や部品製造・組み立て加工といった直接的な活動のコストには注意を払うが、メンテナンスや監視コスト、段取り替えなどの間接的な活動には目が届いていないケースです。

9-3 コスト管理の基本とポイント

コスト管理とは

　業績のよい企業の共通点は、新製品の開発力の強さ、コスト競争力の強さ、そして業務のスピードの速さなどがあげられます。

　特に、製造業についていえば、これまでも各章で述べてきたように、「ＱＣＤ」（Quality：品質、Cost：コスト、Delivery：納期）が重要な指標になります。

　Ｑ（品質）に関しては、使いやすい、デザインがよい、環境にやさしいなど、機能以外のより高度な顧客要求を満たすことが望まれてきています。

　Ｄ（納期）に関しても、顧客の要求に応じてより早くジャスト・イン・タイムで届けることが期待されています。

　そして、Ｃ（コスト）に関しても、低価格化の要請は社外・社内ともに一層熾烈になり、製品の高機能化、多様化に対応しながら利益を上げるために、ぎりぎりのコストで生産しなければなりません。

　つまり、「ＱとＣとＤを同時に満足させる」ことが求められているわけですが、これは容易なことではありません。しかし、これを実現できない企業は、市場からの撤退を余儀なくされています。

　この項では、コスト管理について考えていきますが、企業経営はそれ自体がコストとの戦いといっても過言ではありません。

原価計算とコスト管理

　前項では、戦略的コストダウンという考え方で、バリューチェーン全体に目を配り、コスト推進要因に着目することを説明しました。ここでは、製品の製造原価に着目して、「原価管理」という点からコスト管理を考えてみたいと思います。

192

企業が製品の価格を決定するには、製品を1個生産するのにコスト（費用）がどのくらいかかるのかを把握する必要があります。そのためには、生産に必要な費用である「**製造原価**」を原価計算によって算出します。

　製造原価を構成している費用は、主に「材料費」（購入材料、部品等）、「労務費」（作業員の賃金や事務員の給与等）、「経費」（減価償却費、水道光熱費、賃借料等）等です。

　製造原価を「直接費」と「間接費」という区分で分類すると、生産される製品との関連性が明確な材料費や人件費などの費用は直接費、生産には必要でも個々の製品と直接結びつきにくい設備の減価償却費や事務員の給与、水道光熱費などは間接費と呼んで区分しています。

　したがって製造原価は、「直接材料費」「直接労務費」「製造間接費」に分類することもできます。

　製品の価格から製造原価を引いたものが「**粗利益**」（利益）となり、製造原価に営業費を足すことにより「**総原価**」が算出されます。これを図示したのが、8章165ページの図です。

　「原価管理」の一般的な手法は、標準原価計算にもとづく原価の把握と管理になります。

　これは、過去の実績と生産現場の生産能力等にもとづき、標準的な操業条件のもとで生産を行なったときに、単位当たり製造原価（**原価標準**）がどのくらいになるかを計算しておいて、この原価標準をベースとしてコスト改善を進めていく方法です。

　原価標準を設定したあとに、実際の生産を行ない、現実に生産した費用にもとづいて改めて原価（**実際原価**）を算出して、標準原価と実際原価の差異が生じた場合に、その原因を探ってコスト改善につなげる方法です。

　このほかにも、間接費の配賦そのものを行なわないで、実際の収入（販売価格）と確実に把握できる支出の直接材料費との差（スル

193

ープット）にもとづいて計算する「スループット会計」などの計算
方法があります。

コスト管理を進めるためのポイント

【現場改善活動によるコスト改善】

　製造業のバリューチェーン（186ページの図を参照）を見た場合、
製造業でのコスト管理は主として、「製造」に目が行きがちです。

　コスト削減活動は、製造現場のことに思われて、製造ラインのコ
スト削減活動として、現場改善活動を中心に展開することになりま
す。すなわち、次に示すような設備の7大ロスへの取り組みが中心
になります。

①故障ロス　　②段取り・調整ロス　　③ツール交換ロス
④設備導入立ち上がりロス　　⑤空転・チョコ停ロス
⑥スピード低下ロス　　⑦不良品・手直しロス

　そのための対策としては、ＩＥ手法の活用、工程分析、標準化、
ＥＣＲＳの原則、５Ｓによるムダ取り、ＱＣ手法の活用などがあり
ます。「ＥＣＲＳ」とは、E：Eliminate ＝なくせないか、C：Combine
＝一緒にできないか、R：Rearrange ＝順序の変更はできないか、S：
Simplify ＝単純にできないか、ということです。

【原価企画・調達企画部門によるコスト改善】

　製造業のバリューチェーンのなかのコストといっても、コストの
発生源は多岐にわたっています。生産工程の上流から下流の全般に
わたってコストは発生しており、特に最上流に近い製品企画、原価
企画、開発購買、生産技術部門がコスト発生要因に与える影響は極
めて大きい、と考えることが最近の主流となっています。

　多くの材料・部品の実質的なコストは、製品の最上流に近い企画
段階で決まってしまうのが実態であるとすれば、自社のコスト削減

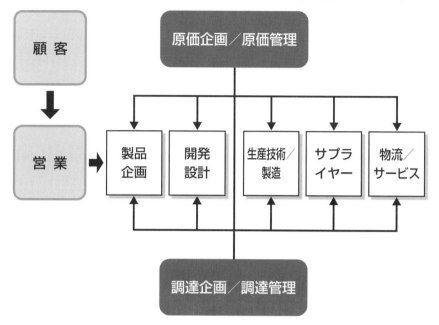

に対する打ち手の方向性も、改めて見直さなければなりません。

　海外のライバル企業と日本企業を比較すると、海外企業が利益率を意識した製品企画、事業展開に力点を置いて高い利益率を享受しているのに比べ、日本企業の実益は諸外国に比べると低い水準にとどまっている傾向にあります。

　こうしたことを踏まえて、グローバルで勝ち抜くためには、上図に示すように、コストを意識したものづくりを、製品の企画・開発・設計段階からつくり込むことと、調達企画部門との連携強化を推し進めて、外部コストの削減にも開発当初の段階から取り組む必要があると考えられます。

　外部コストの削減には、材料・部材の価格交渉や海外の安さに飛びつくだけではなく、製品企画段階からの連携により製品コスト構造の理解に取り組み、サプライヤーの選定への関与も重要になってきています。

9-4

在庫管理の基本とポイント

在庫の功罪とは

　モノを生産していくには、当然、設備やツール、製造従事者が必要であることはいうまでもありませんが、さらに「**部材**」（部品や材料）が必要となります。

　部材は、用途に応じてたくさんの種類があり、必要なときに、必要な量が必要となります。8章で述べたJIT生産方式では、ジャスト・イン・タイムで部材などが必要なときに、必要なだけ手に入れることができることが基本でした。

　しかし、JIT生産方式でも、ムダな在庫は特に弊害が大きいと考えていますが、適正な在庫は必要とされています。

　そこで、「**在庫**」を持つメリットとデメリットを下図に整理してみました。

◎在庫のメリット・デメリット◎

在庫が必要とされる理由	在庫が悪いとされる理由
●顧客の希望の納期に間に合わせるため ●予期せぬ注文の変動に備えるため ●工程間の相互干渉を避けるため ●生産活動の平準化を図るため ●生産過程の仕掛品、搬送途上のため ●まとめ買いによる購入価格削減のため	●在庫品の調達資金が多くなるため ●在庫品の余剰、価値低下、破損リスクが生じるため ●倉庫費用など維持コストがかさむため ●移動・積み替えなどムダ作業増加のため ●バリューチェーンの問題が見えなくなるため ●市場の変化に鈍感になるため

196

在庫には、メリットとデメリットの両面がありますが、在庫は持ちすぎると経営を圧迫する負の働きがあり、在庫を持たないと市場の変化や異常事態に対処できないなどの二面性があります。

在庫は、適正水準に保ち、ムダを極力省いて、変化に対する柔軟性を確保するバランス感覚が大事になります。

在庫の種類および在庫計画

製造現場における在庫を形態的にみると、「原材料と部品在庫」「仕掛品在庫」「製品在庫」の3つに大別できます。また、役割と機能の視点で整理すると、以下のように分類できます。

● **パイプライン在庫**…生産工程の流れのなかで、材料・部品、仕掛品、完成品が輸送の途中にある状態、工程間に置かれている状態、あるいは倉庫に置かれている状態のものです。

● **ロットサイズ在庫**…完成した製品が販売先に輸送される場合の平均ロットの在庫で、引取りサイクルに応じて変動するので「**サイクル在庫**」ともいわれます。

● **安全在庫**…注文の予期せぬ変動に対応するために、ロットサイズ在庫に加えて持っておく在庫で、「**バッファー（緩衝）在庫**」ともいわれます。

● **季節変動対応在庫**…売れる製品が、季節的に集中するような場合の繁忙期がくる前につくり溜めしておく在庫をいいます。

● **ディカップリング在庫**…工程間のトラブル対応や円滑な次工程への引渡しのために、工程間に仕掛品在庫を置くことがあります。これを「ディカップリング（Decoupling）在庫」といいます。

前ページで述べたように、在庫は持ちすぎても少なすぎても問題が発生する可能性があります。在庫改善に取り組む場合は、あくまでも、製品品質を左右する工程能力と改善活動のバランスをよく考えながら、余分でムダな在庫を削減することが原則です。

次に、「**在庫計画**」は大まかにいうと、統計的在庫理論と簡易な在庫理論にもとづいて算定されます。

【統計的在庫理論】基準在庫＝サイクル在庫＋安全在庫
- サイクル在庫…入庫のタイミングの期間の正味の必要在庫量
- 安全在庫…需要予測と実績のはずれ分を賄うだけの余裕分をあらかじめ見込んでおくもの

【簡易な在庫理論】ダブルビン型と発注点型などがある
- ダブルビン型…二つの入れ物（ビン）に入った在庫を用意し、片方の入れ物（ビン）の在庫がなくなったら、なくなったビンがいっぱいになるように発注する方法
- 発注点型…発注点を切ったら、補充として定量分を発注する方法

在庫管理をすすめる「ＡＢＣ分析」の活用

「ＡＢＣ分析」は、パレート曲線を利用したもので、在庫を製品品目の重要度に応じて分類し、その高さによって管理方法を変えて、製品在庫を戦略的に取り扱う方法です。

下図のように、製品等（あるいは部材など）を売上金額（あるいは数量順）に並べて、上位２割に入っているＡ製品を重点的に管理する方法です。上位２割の製品等は累計で８割を占めていることが多く、「２－８の法則」とも呼ばれています。

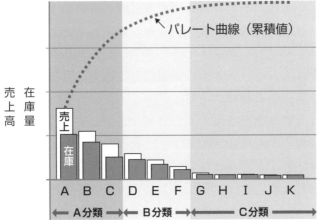

◎「ＡＢＣ分析」と「２－８法則」◎

◎ＡＢＣ分析の管理方針と留意点◎

分類	管理方針	留意点
A	●在庫精度が常に正確になるように重点管理する ●毎月棚卸実施等	●製品等の管理では絶対に欠品を生じさせてはならない売れ筋の主要製品等である。 ●欠品は機会損失につながり、経営に大きな影響を与えることになる。常に製品等の動きに関する情報収集が必要である。
B	●その時の入手の困難さや実勢価格等を考慮した管理を実施する ●四半期ごとの棚卸等	●Ｂ分類は、戦略的に重要であり、Ａ分類にランクアップするか、Ｃ分類に落とすかの判断が必要となる。ある程度きめ細かな対応が必要である。
C	●安全在庫やロット数を多少多めに設定して、多少の差異の影響を受けないようにする ●期末棚卸等	●Ｃ分類は、死に筋として廃棄処分なども検討するが、全体の品ぞろえなどのバランス感覚も求められる。 ●ロングテールとしての多様化・個性化のニッチな面も考えておく。

　逆に、下位２割のＣ製品等は、貢献度が低い製品と位置づけられます。Ｂ製品等はＡとＣの中間的な管理を行なうことになります。ＡＢＣ分析による製品等の取扱いは、上表のような留意点にそって管理を実施することで、効率的な在庫管理を行なうことができます。

　なお、極端にいえばＣ分類製品の販売をやめてしまうか、在庫をゼロにすることを決断しないと、なかなか成果につながらないこともあります。こうした際には、経営層を巻き込んだ経営判断が必要となります。在庫に目を配らせるのも経営トップの仕事です。

■「生産改革プロジェクト」による在庫改善の事例

　従業員約200名のＳ製作所では、製品が約1,500種類と多く、主力製品Ａは年間生産数がある程度まとまった規模の受注となっていますが、その他は多品種少量となっています。

　販売計画は、ほとんどの製品が見込みとなっているため、在庫過

多になる製品や慢性的に欠品になるなど、在庫管理や納期遅延に悩んでいました。このままでは、利益の確保が困難になり、経営的にも立ち行かなくなるということで、工場診断をしてもらったところ、工場管理の基礎ができていないとの厳しい指摘を受け、Ｓ製作所ではただちに生産改革のプロジェクトを発足させました。

　プロジェクトとして、「小集団活動プロジェクト」と「生産改革プロジェクト」の２つを立ち上げることにしましたが、小集団活動プロジェクトは、５Ｓなど現場改善活動の基礎から開始し、若手社員の教育もあわせて、身の回りの作業改善から着実に活動することを開始しました。

　一方、生産改革プロジェクトは、目標として「在庫30％削減」に取り組み、まずは問題抽出から始め、在庫が過剰となる要因として、①ロットサイズが大きいこと、②設定リードタイムが長いこと、③生産能力を上回る生産計画の策定を取り上げました。

　これらの要因を改善して、あるべき姿を構築するために「原材料の買い過ぎ」「仕掛品・製品のつくり過ぎ」の撲滅を基本コンセプトに決めて、以下の改善テーマに取り組みました。

　①多頻度物流への対応、②不良品・直行率の管理による品質向上、③生産計画どおりに生産できる現場体制の見直し、④製造リードタイム・調達リードタイムを実態に合わせる、⑤発注単位の見直し、⑥基準日程に合わせたロットサイズの最適化、⑦基準在庫の再設定、⑧廃品種化・死蔵在庫の廃棄のしくみ、⑨在庫の見える化

　このように、小集団活動の活性化とあわせて生産改革プロジェクトに全社一丸となって取り組んだ結果、プロジェクトキックオフの１年後には、目標である在庫削減については、在庫月数の前年同月比を4.5か月から2.8か月と38％の削減を達成し、目標をクリアすることができました。

　開始当初は、達成は無理とあきらめ顔の雰囲気だったベテラン社員にも、若手社員の熱意が伝わり、徐々に積極的な取組みを始めるなど、会社の風土改革にもつながり始めています。

9-5 IoT時代のコストと在庫管理

日本企業の競争力強化をめざして

日本の製造業は、他社にはない製品、優れた品質の製品をより早く、より安くつくり出すことを念頭に、技術と人を磨き続けてきました。

しかし、バブル崩壊後、市場や生産拠点の海外シフトが進み、「世界の工場」としての中国や新興国も台頭し、製造メーカーとしての実力を高め、日本企業にとってはライバル企業としての存在感が増してきています。

「最近の5年間で日本の製造業の競争力はどう変化したか」という問いに対して、「弱くなっている」という回答が過半数を超える状況になり、「強くなっている」という回答は15％程度にとどまるアンケート結果が発表されています。

弱くなっている点としては、「作業者の技能・技術力」がトップで約6割、それに「生産技術力」が続いており、日本の製造業は「人材」も「技術」の面でも弱くなっているとみられています。

また、強くなっている点での回答でも、「生産技術力」が最も多く、一方では技術に一層磨きをかけて強くなっている日本企業の存在がみられます。

強くなっている具体的な内容としては、「コスト削減への取組み」がトップで、続いて「設備の自動化」「品質管理力」などが多くあげられています。

また、多品種少量生産や変種変量生産に臨機に対応できる「柔軟性」の重要性を指摘する声も高まっています。

■ IoTの動きのキャッチアップも必要

　コスト削減や在庫管理の適正化を考えるうえで、今後は「IoT」や「インダストリー4.0」の動きを注視して、新たな潮流を取り入れていく必要性が高まってくるとみられます。

　たとえば、まだまだ先の話と考えられていたIoTですが、外部環境の変化に柔軟に対応していく武器として、IoTや「**人工知能**」（AI）に代表される最先端のIT技術と、制御や計測等の生産ラインのオペレーション技術である「**OT**」（Operation Technology）の融合化を進めていく生産革命が徐々に進んでいます。このことを「第4次産業革命」などという人もいます。

　IoTというのは、すべてのものをインターネットにつなぐ技術のことをいいます。それによって得た大量のデータを、有益な情報に変えるのは「**ビッグデータ解析技術**」です。

　その情報のなかから役に立つ知識を得るのは「人工知能」（AI）という技術です。

　そして、その知識を使って、実際の動作を行なうのが「ロボット」であり「ドローン」ということです。

　つまり、すでにあるいろいろな技術が重なり合って、世界が変わっていこうとしているのであって、生産現場といえども状況は同じです。

　日本の大手製造業をはじめとして中堅企業でも、次ページに示すようなIoTや人工知能（AI）を活用した自動化ラインの導入が始まっており、さらなる低コスト・高効率生産性を実現してきています。

　IoTを活用し始めている現場は、まだそれほど多くはありませんが、「今後求められる技術」について聞いた回答では、「IoT関連技術」との回答が過半数を超えています。生産性を変える未来への技術としての期待感がうかがえます。

202

◎ＩｏＴの導入による生産性向上の取組み事例◎

「ＩｏＴ」による「見える化工場」の取組みには以下のような実例があります。

- 生産状況や設備の稼働状況をリアルタイムで「見える化」する製造実行システム

- 専用生産ラインにおける組立工程での、タブレット端末による作業進捗管理や締め付けトルク管理

- 段取り替えや工具の交換情報を、適切なタイミングで作業台のタブレット端末へ伝達

- 生産現場のリソース、作業者・設備・材料の３Ｍに「ＲＦＩＤタグ」をそれぞれ装着することで、作業改善や進捗管理の応用システム

- 工場で倉庫や物流を担うマテハンでは、自動倉庫の自動化や無人搬送システム、仕分け・ピッキングによる進化

　海外のサプライヤーも含む企業のバリューチェーン全体に波及することで、ＩｏＴの存在は、コストや在庫管理の面でも、今後は他社との差別化の面でも、目を離せない存在になると考えられます。
　したがって、ＩｏＴは今後導入が急速に進んでいくでしょうが、どのような応用が可能なのかの答えは、各企業で出さなければならないのです。

COLUMN

「リーン生産方式」とは

　欧米に進出した日本企業で、現地の従業員から職場で「**リーン生産方式**」という言葉がよく使われるという話を聞きます。

　リーン生産方式は、米国マサチューセッツ工科大学の研究者ジェームズ・P・ウオマックらがトヨタ生産方式を研究して、1990年に著書『リーン生産方式』で紹介したことにより、世に知られることになりました。

　1980年代に、日本からアメリカに大量の自動車が輸出されるようになると、アメリカの自動車産業の業界は、日本車の安さをダンピングであると非難しましたが、一方ではトヨタ生産方式の「5S」や「カイゼン」等の活動に注目して研究を進めました。リーン生産方式は、ウオマックらがトヨタ生産方式などを研究して整理・体系化の後に一般化したもので、次のような特徴があります。

　日本の製造業の生産システムは、ボトムアップ型にもとづいた「暗黙知」をベースに形成されて、改善活動のなかでムダが排除されていきますが、ボトムアップによる活動では部分最適に陥りやすく、局所的にはムダ取りが行なわれても、全体を見たときにはムダ取りが排除されず、別のムダが発生することがあります。

　リーン生産方式では、ボトムアップ型の活動の不都合な部分について研究し、トップダウン型の「形式知」ベースのシステムとの融合や体系化を行ないました。

　リーン生産方式では、生産管理手法がパッケージ化されて、導入に必要なテキストやチェックリストおよび標準類が一式セットで提供されており、広く欧米企業に広まっているといわれています。

　一時は、日本の製造業に席巻された欧米の製造業が息を吹き返したのも、リーン生産方式によるものかもしれません。ちなみに、リーン（lean）とは、「贅肉の取れた」という意味です。

10章

生産管理に関する世界の潮流とこれからの日本の製造業

執筆 ◎ 神谷 俊彦

10-1 生産現場の問題は解決するのか

本書で取り上げた問題点

　この本では、生産管理の現場で直面する問題点とその解決方法について書いてきましたが、現場の課題としては、特に「コスト削減」と「生産性向上」に重きをおいてきました。

　ちなみに、前章まで取り上げてきた課題および解決法のテーマは以下のとおりです。

- 2章…経営と現場のギャップを埋めることによる円滑化
- 3章…工程設計における生産性向上のすすめ方
- 4章…設備管理のポイントから生産性向上へのアプローチ
- 5章…外注管理による連携の重要性
- 6章…現場のIT活用を促したうえでの生産性向上
- 7章…品質管理を通した企業全体の効率化の課題と解決法
- 8章…現場の活性化の問題と解決へのアプローチ
- 9章…お金の問題と原価管理によるコストの削減

　上記のように、本書は主に現場の問題を通した生産性の向上について解説していますが、この章では、現実より少しだけ未来を見すえた生産管理の新しい流れについて世界の動きから探ってみようと思います。そのうえで、現場の課題克服のヒントにしていただければと考えています。

　生産管理の現場では、直接、世界の流れを意識することはないのですが、これからの日本は世界で売れるものをつくっていかないと、現場の士気は上がっていかないと思います。

206

ここで記述できることには限りがあるかもしれませんが、生産現場や生産管理に関する、これからの見通しや注目される流れ、それに伴う押さえるべきポイントなどについて触れていくつもりです。

労働生産性にかかわるＩＴの活用問題

　さまざまなメディアや書籍などで、日本人の労働生産性が低いことが取り上げられています。

　ものづくり企業だけを対象にしたわけではないのですが、製造現場の人も長時間労働をして、懸命に仕事をしているのに、給料は上がらないし、会社の業績もよくなったようには見えない、という閉塞感があるという意見を聞くことが珍しくはありません。

　労働生産性については、次の等式が成り立ちます。

労働生産性 ＝ 売上（付加価値）÷ 労働量

　したがって、労働生産性が低い場合は、「売上が少ない」または「労働量が多い」、あるいはその両方が原因です。

　「売上が少ない」あるいは「儲からないものをつくっている」というときは、技術開発やビジネスモデルの見直しが必要になるので、生産管理によって解決するのは難しいかもしれません。

　しかし、「利益の薄いものに時間をかけている」（つまり、労働量が多い）というのならば、生産管理の課題として取り組むべきテーマです。

　この章の後半で取り上げる「世界の潮流」でも触れますが、世界と戦うためには、政府も民間企業もＩＴ技術に磨きをかけるべきだとの掛け声のもと、さらなるＩＴ活用に向けて力を入れて取り組んでいます。

　これまでの各章でも、労働生産性の改善を目的として解説してい

ますが、やはりメインとしては「ＩＴ活用」という武器を磨くことに重きをおいてきました。

データ改ざんと無資格検査にかかわる管理

　2017年は、大手企業によるデータ改ざんや無資格検査が話題になりましたが、このような品質管理に関する不祥事は、生産にかかわる企業には起こってほしくない話です。

　経営トップ自らがデータ改ざんに関与するとか指示をしたとなると、企業ぐるみの犯罪行為といえますが、話題になっている問題では、経営トップと現場の距離が遠くなっていった結果としての意思疎通の悪さに一因があるように感じます。

　データ改ざん問題などの真の原因がどうであれ、この種の問題が発覚すると、企業の信用を根本的に失うばかりか、売上や利益にも大きな影響を与えます。

　そして周囲の関係者からは、次のように追及されます。

―――――【品質不正報道に対しての周囲の関係者からの指摘】―――――

コーポレートガバナンスの欠如、コンプライアンスの管理不足、
現場へのコストや納期に対する過度なプレッシャー、
品質管理の惰性的行動や無関心、職場全体での無理解・無関心、
経営リスクマネジメントが不十分　……

　そうすると、トップマネジメントとしては、組織の引き締めや管理の強化に乗り出します。

　もちろん、それも重要でしょうが、意識改革だけでなく、生産管理システムそのものの強化を進めないと、問題の再発防止にはなりません。

　この本では、責任者の交代や、組織の変革、人材研修などの経営

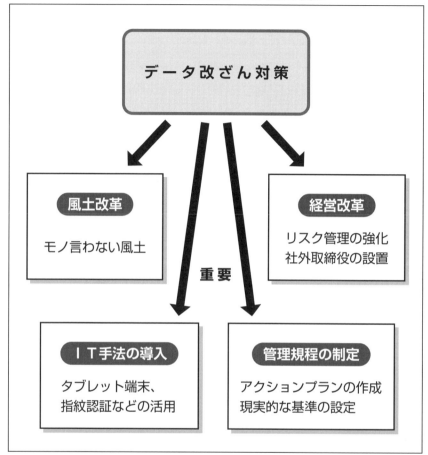

◎データ改ざん問題への対策の例◎

的な改善はひとまず横におき、問題解決の指針として、不合理な現場ルールの改定、品質管理のしくみの変更、IT導入による防止策などを提案してきました。

　生産管理に関する問題は、生産管理部門の内部で対策可能であり、現場の行動次第で会社を変えていくことができる、ということを強調しておきたいと思います。

10-2 世界の潮流から生産管理の これからを考えてみよう

国際認証システムの導入

　日本企業では、1990年代から本格的になった「品質ISO」に始まる「**国際認証システム**」の導入は、現在ではISOに限らず、さまざまな分野に拡散しています。

　国内市場向けに限って生産しているうちはまだしも、欧米に輸出することになると、こういった基準をクリアしなければならないケースもあり、日本企業の生産形態にも大きな影響を与えてきました。

　たとえば、有名な医薬品製造工程の品質管理基準である「GMP」（Good Manufacturing Practice）や、航空機製造に必要な品質管理規格である「JISQ9100」などは、生産管理工程の基準として厳格なルールをもっています。

　また、航空機の特殊工程作業（技能）に対する国際認証制度である「Nadcap」や、食品製造に関しての衛生管理認証である「HACCP」などのように、特殊工程に関する認証制度もあります。

　このような基準は、関係する業種以外にも参照されて、新たなルールづくりのもとになっています。

　多くの日本企業は、ISOでいろいろと勉強してきたとはいえ、その効果に疑念を抱き、一部の企業を除いて積極的ではありませんでしたし、もともと標準管理は、日本企業にとって決して得意とはいえません。

　しかし、世界との勝負になると、標準や認証と付き合っていかなければ、出発点にも立てないという事実もあります。顧客に安全安心なものを提供するためにも、基準やルールにもとづいた生産方式

をさらに強固にしていく必要があります。

欧州の企業はどうしている？

　日本企業の急激な追い上げから、苦境に立たされたドイツ企業はどう動いたか？　ドイツの企業は、伝統的に標準化や共通化を進めて合理化をはかる志向があります。

　欧州は、物事の本質にかかわる部分を見定めて、重要だと判断した標準や規約には、100年も200年も通用する基準をつくることにエネルギーをかけることを惜しみません。

　ＩＳＯが欧州から生まれたことも、その現われです。

　ＭＲＰが発展した統合基幹業務システムである「ＥＲＰ」の情報システム制作の最大手ＳＡＰ社が欧州企業であったのは、偶発的なことではないでしょう。

　「インダストリー4.0」では、企業間をネットワークでつなぎ、国全体で同じソフトを使ってデータを共通化し、品質や技術の壁を取り除き、ＡＩ（人工知能）による自動発注の方法も、自国の標準に取り込もうとしています。

　また、スウェーデンの家具製造販売会社「イケア」のものづくりも、欧州らしさが見えています。

　創業者のイングヴァル・カンプラード氏は、家具の材質やデザインの標準化を徹底し、同じ仕様のものを世界で売れるように、あくなき執念を燃やしています。お店や工場という現場で時を過ごして、アイデアや工夫を生み出し、絶え間ない改善を続けています。

　だからこそ、工場内や物流面で自動化・効率化が徹底できて、世界で売れるデザインのものを、世界で通用するコストで製造できているのです。

ＧＥに代表される米国の傾向は

　米国のゼネラル・エレクトリック（ＧＥ）は、古い企業でありな

がら、多くの革新的な事業を生み出していることで有名です。

　航空機エンジンにセンサーをつけて、顧客に最適なメンテナンス情報を提供するというサービスは、いまのＩｏＴ活用の先駆けとなりました。

　ＧＥのみならず、ＡＩやＩｏＴ、スマホなどのＩＴ技術を生み出す米国は、これらの新技術を駆使した生産管理の分野でも、一歩先を進んでいます。

　ＧＥでは、工場のスマート化構想を掲げ、ＣＴ（コンピュータ断層撮影装置）などの医療機器を製造する東京・日野工場でも実装を進めています。

　現場から自動で収集・分析した作業実態データを「カイゼン」に活かすなど、現場に負担をかけずに集めたデータでリードタイムを削減したり、設備稼働の効率化を図っています。

　これらの経験を全世界の工場で共有し、短期間で効果を上げているのです。

　「工場のスマート化」ということであれば、日本でも実施していないわけではありません。しかし、デジタルエンジニアリング、モデリング、シミュレーションなども駆使したものづくり管理においては、スピード感や規模感でまだまだアメリカとは差がついているようです。

■ 鴻海にみられるＥＭＳの強さ

　台湾の電子機器の受託製造サービス（ＥＭＳ）が、スマホやパソコンの生産を支えていることは、よく知られています。

　シャープを買収した鴻海（ホンハイ）精密工業を代表として、台湾の大手といわれるサービス会社だけでも20社近くありますし、その流れが中国をはじめとして東南アジア各国にも広がっています。

　台湾は、「Apple」の動向一つで、上にも下にも行くなどと、やっかみともとれる声も聞かれますが、携帯電話で先行して世界と戦

ってきた日本が、ＥＭＳにおされ、スマホになると、威勢のいい声を聞くことは少なくなりました。

　鴻海の工場がどんなものづくりをしているのか、簡単に紹介をすると、工場のなかには日本などの最新鋭の設備がずらりと並び、ラインのなかには生産管理担当や品質管理担当の指導員が、作業者に寄りそって指導しています。

　そして、少しでも課題が見つかれば、すぐに解決する姿勢を打ち出し、実際に夕方にまとめた課題は、翌朝には実行計画を開始するというスピード感で進めているとのことです。

　これにより、「Apple」の厳しい品質要求とコスト目標の両方を達成して現在があるのです。

　つくるもの（売れるもの）をこれと決めて、すべてにおいて手際よく、徹底して効率化へのあくなき執念を燃やすのが、ＥＭＳ成功のキモといえそうです。

213

10-3 AI、IoTは生産管理を どう変えるのか

■ 日本が取り組むべき優先課題は何か

　世界の潮流をみると、ダイナミックな投資や革新的な生産体制があり、日本とは違う躍動感もあります。

　しかし、日本でも似たような動きはありますし、世界的な動きといっても、日本のノウハウや部品、設備などがないと実現できないことが多々あるのも事実です。

　IoT時代は、まだ始まったばかりです。日本が悲観的になる理由はありません。

　とはいえ、日本企業の現状は9章までに示してきたように、多くの課題を抱えているのも事実です。国内・国外の事例を教訓にして、たゆまない改善を続けていかなくてはなりません。

　このようにして現状を総括してみると、**世界に売れるものを、世界で売れる価格で提供するために、生産管理はどのように機能すればいいのか**、ということがいま取り組むべき優先課題ということがいえます。解決策を標準化し、サプライチェーンの強化、自動化などに今後の目標を求めているわけです。

■ 現場の課題を克服するのは結局は「現場」

　日本式生産システムの優れている点は、現場の頑張りにあります。個人あるいはチームワークで、製品の無欠点化へあくなき追及をし、繊細で複雑な作業を克服しています。

　一方で、これに頼りすぎて、業務を標準化したり、逆に標準に業務を合わせたりという点は、不得意という面もあります。

214

ただし、海外から見れば、こうした日本の現場の強さを認め、そこをデジタル・エンジニアリングで克服して勝ち抜くという動きが出ています。

　日本企業も、こうしたＩＴ活用の強みをよく理解しており、以前から熟練の動きをモデリング化する試みを行なっています。ＡＩやＩｏＴ技術の登場でそれに拍車がかかってきたわけです。

─────────【想定する近未来工場】─────────

「生産要求 → 工場の段取りを自動計算 → 製造指示 →

　　ロボットやドローンが順番どおりに作業 → 製品の完成」

> 要求を出せば、複数のケースをシミュレーションして最適解を出し、あとはロボットなどが自動で製造する

　最後は、「現場」の強さを熟練技術で伝承し、発展させていくことで継承していくというストーリーになりましたが、想定されるＡＩ、ＩｏＴ時代の生産形態（上記の「想定する近未来工場」を参照）やその課題がどうなるか、まだまだ予測ができていません。

　新しい時代になっても、課題を見つけ、その課題を克服するのは、結局「現場」ということになるはずです。

215

COLUMN

海外との連携をにらんだ生産管理

　政府は、日本の生産性向上をめざしてさまざまな施策を打ち出しています。

　この本でも何回か触れているように、たしかに日本の生産性は海外に比べて高いとはいえない状況です。したがって、政府の主導するとおりに、技術活用による生産性向上は重要な課題であることは間違いありません。

　しかし、国内だけをにらんで生産性向上をめざすだけでは十分とはいえません。日本がめざしている環太平洋経済連携協定（ＴＰＰ）の合意にしても、中国主導で動いているインフラ整備の「一帯一路構想」をみても、結局は、海外勢と真っ向勝負をしていかないですむという選択肢はありません。

　日本の企業は遅れているといいながらも、大企業だけでなく多くの中小企業も、海外の各地に工場をもっています。彼らの課題は、国内工場の生産性ではなく、海外工場も含めた企業全体の生産性向上です。

　アメリカは国内回帰に転じたように見えて、ほかの国も同様の兆しがあるようにも感じますが、現実的にグローバルに展開している企業にとっては、自国内ではなく、全社の効率化こそが最重要課題であるに決まっています。

　成長戦略は伸びている地域のなかにあるので、日本企業が東南アジアに関心が高いのも当然の話です。まだ海外に進出していない企業も、ＴＰＰのことを考えれば、市場としても生産拠点としても東南アジアのことをもっと知り、できれば小さくても東南アジアに展開するスタートを切る時期にきています。

　そのときに武器となるは、自社で培ってきた生産管理や品質管理のノウハウになるはずです。

さくいん

数 字

2－8の法則	198
3つの基本戦略	184
4 M	163
5つの競争要因	184
5 Force 分析	38
5 S	170

英 字

A B C分析	106、198
A I	24、159、202、214
A T O方式	61
Bullwkip効果	38
B M	90
B O M	122
B T O方式	61
C M	90
C S R	116、164
C S R調達	116
D R	58
E C R S	194
E T O方式	61
I o T	136、159、202、214
I S O	152
I S O9000	143
I Tセキュリティ	135
J I Sマーク	160
J I T生産方式	60、174
K A I Z E N	162

M P	90
M T O方式	61
M T S方式	61
O T	202
P E R T図	103
P M	90
P M活動	92
Q C工程図	144
Q C工程図の作成ポイント	147
Q Cサークル	167
Q C D	20、192
S L P	94
S O A	48
T P M	90
T P Mの導入手順	92
T Q R D C	26

あ

アニール処理	115
粗利益	193
安全在庫	197
インダストリー4.0	71、202、211
受入	112
受入業務	112
運搬	82
運搬活性分析	84

運搬管理 ……………………… 82
運搬工程分析 ………………… 83
運搬分析 ……………………… 83

か

外注 …………………………… 96
外注管理 ……………………… 96
外注計画 ……………………… 100
外注先との契約 ……………… 104
外注先の選定 ………………… 100
外注先の評価 ………………… 114
外注の目的 …………………… 97
外部調達 ……………………… 96
改良保全 ……………………… 90
型 ……………………………… 86
型管理台帳 …………………… 88
型履歴管理簿 ………………… 88
価値創造へのITツールの利・活用
　………………………………… 49
価値連鎖 ……………………… 186
金型 …………………………… 86
空運搬分析 …………………… 84
緩衝在庫 ……………………… 197
かんばん方式 ………………… 178

企業の社会的責任 …………… 164
季節変動対応在庫 …………… 197
業務効率化のすすめ方 ……… 133

グリーン調達 ………………… 116
繰り返し受注生産 …………… 60
クレーム対応 ………………… 148
クレーム対応に関する業務 …… 151

継続企業 ……………………… 164
契約書に規定する項目 ……… 105
原価構造と利益の創出 ……… 165
原価標準 ……………………… 193
検収 …………………………… 112
現場改善活動 ………………… 162

工場のスマート化 …………… 212
工程設計 ……………………… 52
工程設計と生産管理 ………… 53
工程設計の流れ図 …………… 55
工程設計の役割 ……………… 54
購買 …………………………… 96
ゴーイングコンサーン ……… 164
国際認証システム …………… 210
五ゲン主義 …………………… 182
後工程引取り ………………… 178
コスト管理 …………………… 192
コスト推進要因 ……………… 188
コスト・ドライバー ………… 188
固定型 ………………………… 79
個別受注設計生産 …………… 61
コミュ障 ……………………… 28
コミュニケーション ………… 26
コミュニケーション改善策の例
　………………………………… 35
コミュニケーション重視構造改革
　………………………………… 40
コミュニケーション断絶の例 …… 34

さ

サイクル在庫 ………………… 197
在庫 …………………………… 196
在庫管理 ……………………… 196

作業のムダの構造……………176
三現主義……………………182

治工具………………………86
事後保全……………………90
下請代金支払遅延等防止法
　（下請法）………………104
実際原価……………………193
自働化………………………174
社会的責任…………………116
ジャスト・イン・タイム………174
受注加工組立生産……………61
受注組立生産…………………61
受注生産………………………61
寿命特性曲線…………………91
需要予測に関する情報連携………39
小集団活動…………………166
情報伝達の効率化…………131
職場の活性化…………………50
ジョブショップ型……………78
新規設備を導入するときの検討事項
　………………………………77
新規取引先チェックリスト……102
人工知能………………24、202
進捗管理……………………108

スマート工場…………………71
スマートファクトリー……………71
スループット会計……………194

生産管理……………………14
生産管理業務…………………15
生産管理システム…………118
生産管理システムの課題………134

生産管理システムの役割・機能
　………………………………121
生産管理手法の活用領域………23
生産管理に起因する問題点………21
生産管理のコミュニケーション連携
　………………………………30
生産管理の仕事………………18
生産管理の使命………………14
生産管理の任務………………20
生産管理の歴史………………16
生産管理部門と関係部門………19
生産保全…………………90、92
製造原価……………………193
セクター規格………………155
設備管理………………………74
設備計画………………………74
設備保全………………………90
設備レイアウト………………78
セル型…………………………79
セル生産方式…………………72

総原価………………………193
属人化問題…………………126

た

ダイナミックセル方式…………71
ダブルビン型………………198

中小企業・小規模事業者の事業特性
　………………………………43
中小企業のコミュニケーション
　改善策の例…………………44

提案制度……………………166

219

ディカップリング在庫 ………… 197	品質管理の業務 ………………… 141
データ改ざん ………………… 208	品質保証 ………………………… 140
デカップリングポイント ……… 60	
デザインレビュー ……………… 58	負荷 ……………………………… 74
	複合加工機 ……………………… 80
動線 ……………………………… 64	部材 ……………………………… 196
動線チェックリスト …………… 65	部品表 …………………………… 122
トヨタ生産方式 ………………… 174	フリーアドレス ………………… 38
	ブルウィップ効果………… 37、38

な

流れ生産 ………………………… 178	保全予防 ………………………… 90

日常保全 ………………………… 92	

ま

日本工業規格 …………………… 160	埋没費用 ………………………… 62
ニューラル・ネットワーク …… 138	
入力ミスを防ぐには …………… 128	見込生産 ………………………… 61

ネットワーク型コミュニケーション	ムダ・ムリ・ムラ ……………… 175
………………………………… 47	
	目標管理制度 …………………… 166
納期遅れの原因とその対策 …… 110	ものづくりの歴史 ……………… 17

は

や

パイプライン在庫 ……………… 197	予防保全 ………………… 90、92
ハイブリッド生産方式 ………… 61	

ら

バスタブ曲線 …………………… 91	ライン型 ………………………… 79
発注点型 ………………………… 198	ライン生産方式 ………………… 72
バッファー在庫 ………………… 197	
バリューチェーン ……………… 186	リーン生産方式 ………………… 204

標準作業 ………………………… 178	労働生産性 ……………………… 207
品質ＩＳＯ ……………………… 152	ロットサイズ在庫 ……………… 197
品質管理 ………………………… 140	
品質管理に関する歴史 ………… 142	

おわりに

　本書の執筆にあたっては、現場の本音をできる限り探って課題を洗い出し、それに対応できる事例を織り込んで、読者の理解を得られるように考えました。

　さまざまな現場で発生している課題を探っていくと、10年前、20年前と同じような悩みにぶつかることもありました。

　わたしたち自身のコンサルタント経験からも、中小企業の社長さんのなかには、時代とともに自分の会社も変わるべきなのだが変わり切れていない、あるいはどこをどう変えればいいのかわからない、というような相談を受けることがあります。

　しかし、時代から取り残された企業はとっくに市場から消えているし、逆に、時流をうまくとらえた企業は現在、そのような悩みはもっていないでしょう。だから、その中間に位置する企業にこそ悩みがあるということです。

　もちろん、現場が感じている悩みや課題は、簡単に一つにくくれるわけではありませんが、現場を抱える企業の迷いを一つでも二つでも解消することはできるのではないかと考えて、われわれ執筆陣は知恵を絞りました。

　もし、本書がその意味で読者の方のお役に立てたのであれば、執筆者一同うれしく思います。

　最後に、本書の出版にあたり、多くの助言と激励をいただいたアニモ出版の小林良彦さんと製作スタッフの皆さま、また取材にご協力いただいた皆さま、そして、いつも激励していただく中小企業診断士の六角明雄先生に、この場をお借りして深くお礼を申し上げます。

執筆者一同

【執筆者プロフィール】

和田武史（わだ　たけし）…2章担当

京都大学大学院工学研究科電子工学専攻 修了。中小企業診断士、公益財団法人 日本生産性本部認定経営コンサルタント、品質管理検定1級。日立製作所 半導体設計部門 開発部長、サムソン電子 韓国本社半導体常務、日本電産トーソク本社部長（品質・環境・知財責任者）を経て独立、現在に至る（製造業、建設業、他延べ200社の支援実績）。専門領域は経営革新、事業戦略、部門別採算。著書に『地方創生とエネルギーミックス』（共著・同友館）、『中小企業の未来を創る女性たち！』（共著・三恵社）がある他、論文多数。

片岡英明（かたおか　ひであき）…3章担当

大阪大学工学部卒、同大学院修了、工学修士。中小企業診断士、一般社団法人 城西コンサルタントグループ（JCG）所属。富士フイルム(株)の生産部門で事業戦略・製品開発・生産管理業務の責任者や関係会社での経営管理業務を経て独立。「ものづくり」の戦略策定・開発遂行・販促戦略等の支援を中心にコンサルタントとして活動中。

谷口糺（たにぐち　ただす）…4・5章担当

東京大学工学部精密工学科卒。キヤノンカメラ(株)（現キヤノン(株)）入社。同社生産技術部長、コンポーネント開発センター所長を経て、キヤノン精機(株)社長。退任後、経営コンサルタントとして独立。品川区商工相談員などを歴任。一般社団法人 城西コンサルタントグループ（JCG）所属、東京都中小企業診断士協会城西支部所属。著書等に『セラミックスの超精密加工』（共著・日刊工業新聞）、『経費節減1181の具体策』（共著・中経出版）、『業務把握読本』（共著・金融ブックス）、「アジアで生産する」（JCGホームページ連載）がある。

滝沢悟（たきさわ　さとる）…8・9章担当

秋田工業高等専門学校卒業、慶応義塾大学経済学部卒業。日本電信電話公社（現NTT）入社、電気通信設備の開発、設計、建設、保守、品質管理に従事、NTT支店長を経て、NTTグループIT企業の企画部長、総務人事部長を歴任。2006年、中小企業診断士登録。2012年より一般社団法人 城西コンサルタントグループ理事・副会長、東京都中小企業診断士協会城西支部所属。著書に『図解でわかる品質管理いちばん最初に読む本』『図解でわかるIoTビジネス いちばん最初に読む本』（以上、共著・アニモ出版）、『中小企業のイノベーション（経営革新・新事業開発）支援』（共著・三恵社）がある。

神谷俊彦（かみや　としひこ）

本書の1・6・7・10章を担当。
大阪大学基礎工学部卒業。中小企業診断士、ITコーディネータ。富士フイルム（株）の技術・マーケティング部門で35年勤務した後、独立。現在は、一般社団法人 城西コンサルタントグループ（JCG）会長として、会員とともにコンサルタントとして活動中。得意分野は「ものづくり支援」「海外進出支援」「IT導入支援」。
著書および共著書に『図解でわかる品質管理 いちばん最初に読む本』『図解でわかる購買管理 いちばん最初に読む本』『図解でわかるIoTビジネス いちばん最初に読む本』（以上、アニモ出版）がある。

【城西コンサルタントグループHP】　http://jcg-net.com/

生産管理の実務と問題解決 徹底ガイド

2018年1月20日　　初版発行

編著者　神谷俊彦
発行者　吉溪慎太郎

発行所　株式会社アニモ出版
　　　　〒162-0832 東京都新宿区岩戸町12 レベッカビル
　　　　TEL 03(5206)8505　FAX 03(6265)0130
　　　　http://www.animo-pub.co.jp/

©T.Kamiya 2018　ISBN978-4-89795-209-3
印刷：文昇堂／製本：誠製本　Printed in Japan

落丁・乱丁本は、小社送料負担にてお取り替えいたします。
本書の内容についてのお問い合わせは、書面かFAXにてお願いいたします。

アニモ出版　わかりやすくて・すぐに役立つ実用書

図解でわかる すぐに役立つ
生産管理の基本としくみ

田島 悟 著　定価 本体 1500円（税別）

生産管理の基本から最新のトレンドや手法まで網羅し、生産性を高め、コストを低減するための知識も図解で凝縮した本。予備知識ゼロの新入社員でも、やさしく理解できる決定版！

図解でわかる品質管理
　　いちばん最初に読む本

神谷 俊彦 編著　定価 本体 1600円（税別）

品質管理はすべての企業に欠かせない。QCのしくみと基礎知識から実践的な統計的分析手法・経営戦略まで、図解とわかりやすい解説で初めての人でもやさしく理解できる入門書。

図解でわかる購買管理
　　いちばん最初に読む本

神谷 俊彦 著　定価 本体 1600円（税別）

購買担当者は、適正な品質のものを、適正な価格で、納期どおりに入手する必要がある。その仕事のすすめ方から、コストダウン・情報化戦略のポイントまでをやさしく解説する1冊。

図解でわかるIoTビジネス
　　いちばん最初に読む本

神谷 俊彦 編著　定価 本体 1600円（税別）

IoTの基礎知識や実用化事例から新ビジネスのヒントまで、IoTビジネスの現在と将来が図解入りでやさしく理解できる。疑問に思うこと・知りたいことも本書を読めば大丈夫。

定価には消費税が加算されます。定価変更の場合はご了承ください。